**우리는 어떻게 북소믈리에가 될까**

독서에 대해 우리가 나눠야 할 모든 이야기

조선우 지음

**일러두기** _이 책에서는 편의상 국내 명사들에 대한 존칭을 생략합니다.

# 북소믈리에의 시간

독서에 대해서는 그동안 참 하고 싶은 말이 많았다. 난 어려서는 책을 읽으며 거의 많은 시간을 보냈다. 그리고 어른이 되어서는 내 인생의 주된 시간을 책을 만드는 일로 채우며 살고 있으니까 말이다. 언제쯤이면 독서에 대한 책을 쓸까 생각해 왔는데 지금이 아마 그때가 아닌가 싶다.

북소믈리에는 말 그대로 '책의 소믈리에'다. 그럼 소믈리에란 무엇인가. 소믈리에는 포도주를 전문적으로 서비스하는 사람이나 그 직종, 또는 포도주를 추천하는 직업이나 그 일을 하는 사람을 말한다고 사전에 정의되어 있다. 간단히 말해, 와인을 선택하는 사람을 프랑스어로 소믈리에라고 한다.

북소믈리에는 이러한 소믈리에라는 말을 책에 접목시켜 탄생한 신조어라고 하겠다. 그런데 이 말이 요즘 자리를 잡아가고 있는 느낌이다. 소믈리에가 와인에 정통한 사람이라면 북소믈리에는 책에 정통한 사람이라고 할 수 있겠다. 소믈리에가 와인에 대한 아주 오랜 경험과 단련된 미식가의 혀를 갖고 있듯이 북소믈리에는 책에 대해 그만큼 세밀한 입맛을 가져서 다른 사람들에게 좋은 책을 추천해주는 역할을 하는 것이겠지.

나는 출판을 통해 북소믈리에의 역할을 해오고 있는 셈이다. 외국 책 중에서도 우리나라 독자들에게 소개해주고 싶은 좋은 책이 있으면 훌륭한 번역자를 섭외해 출판을 하는, 좀 더 적극적인 의미에서의 북소믈리에가 아닐까. 그리고 국내에도 좋은 원고가 있으면 독자들에게 소개하기 위해 출판을 진행하는 그런 역할.

그런데 굳이 이런 독서에 대한 책을 쓰기로 마음을 먹은 것은 아직은 책에 대한 좀 더 본질적인 논의가 없지 않나, 독서에 대한 어떤 방향성이 구체적으로 정의된 것이 없지 않나 하는 갈증 때문이다. 책을 만들면서 독자들의 독서 흐름도 자연스럽게 살펴본다. 그때 느낀 점은 북소믈리에가 제시하는 전문적인 의견이 필요한 것 같아서이다.

# 지금은 우리가 북소믈리에로 나서야 할 시간

—

　　　책이라면 정말 내 인생에서 빼놓을 수 없는 화두이다. 그리고 인생 전체라고 해도 과언이 아니다. 그만큼 책과 가까이 살아온 나로서 이런 책은 꼭 쓰고 싶고, 써야 한다는 사명감 비슷한 게 있었다. 하지만 '타이밍'이 관건이었는데 다시 말하지만 지금이 바로 그때인 것 같다.

　그래서 이 책을 쓰는 시간만큼은 북소믈리에로서 말해볼까 한다. "이제 그만 하산해도 좋다"는 스승의 명령은 따로 없었지만 나 자신 스스로 '북소믈리에의 시간'을 시작해야 할 때가 바로 '지금 이 순간'이라는 걸 깨달았기 때문이다.

　그동안 이야기하고 싶었던 독서와 책에 대한 이런저런 생각을 친구에게 스스럼없이 말하듯 알려주고자 한다. 이 책을 쓰는 목적은 책을 좋아하는 사람들과 책에 대한 이야기를 나누는 데 우선 의의가 있을 것이고, 또 독서에 대한 어떤 방향성을 갖고 싶은 사람들에게 하나의 '독서 마인드맵'을 선물해주고 싶은 마음에서다.

　더불어 와인을 마구잡이로 마시는 것이 아니라 그 맛의 깊이와 향기를 음미하듯이 책도 그렇게 음미하고 책의 가치를 감별할 수 있는 북소믈리에들이 많이 탄생하기를 바라는 마음도 크다. 예전에 내가 썼던 『작가사냥』에서는 '전 국민의 작가화'를 주장했듯이 이번 책에서는 '전 국민의 북소믈리에화'를 주장하고 싶다.

물론 독서에도 다양한 생각들이 있다. 무엇이 딱히 정답이라고 할 수는 없겠지만, 각자에게 맞는 방식이 필요하다. 그리고 보다 책을 사랑하고 책을 잘 아는 사람으로서, 와인의 깊고 아름다운 향과 맛을 많은 사람들에게 추천해주는 소믈리에처럼, 보다 많은 사람들이 좋은 책의 향기에 취할 수 있도록 이 책을 쓰게 되었다. 제한된 인생이라는 시간 안에서 유익한 독서를 할 수 있는 하나의 조언을 해주기 위해서이다.

일단 나는 결코 '무조건 많은 책을 읽어라'는 주장에는 동의하지 않는다는 것을 우선 밝힌다. 대체로 뭐든지 마찬가지겠지만 '양보다는 질'이 중요하다. 음식도 무조건 많이 먹는다고 건강에 좋은 것은 아니듯이 책도 우리에게 유익한 책을 골라 읽는 것이 중요하다.

인생은 짧다. 그리고 읽어야 할 책들은 많다. 과연 우리는 무엇을 읽어야 할 것인가. 또 어떤 독서를 해야 할 것인가. 책을 많이 읽었다고 무조건 인생이 성공하진 않는다. 또한 생각이 깊은 사람이 되는 것도 아니다. 어떤 책을 읽고 어떤 독서 취향이 있느냐에 따라 그 사람의 인생 프리즘이 달라지는 것이다.

자, 여러분은 앞으로 한번뿐인 인생에 어떤 책을 읽을 것인가. 또 무엇을 독서의 기준으로 삼을 것인가. 이런 생각들을 하면서 책을 좋아하는 사람들끼리 독서에 대해 속 시원한 이야기를 지금부터 한번 나눠보는 건 어떨까. 마치 친한 사람의 사랑방에 놀러온 것처럼 편안한 마음으로 지금부터 책과 독서에 대해 한번 떠들어보기로 하자.

2015년 7월
一山 白石에서

조선우

# Contents

북소믈리에와 함께
'읽는다'는 의미를 찾아서!

# 1 · 북소믈리에의 탄생

Book Sommelier

# 생각의 근육을 키워라

"독서와 마음의 관계는 운동과 몸의 관계와 같다."
- 스틸

아이들이 책을 읽기 싫어하면 흔히 하는 말이 있다.

"쉬운 책부터 읽히세요."

또는 더 나아가 "그림이 많은 만화책부터 읽도록 하세요."

어이쿠! "나는 이 말에 반댈세!"이다

이와 같이 독서에 대해 흔히 말하는 것처럼 쉽고 재미있는 책부터 독서 습관을 들이라는 말은 아니라고 본다. 독서에 대한 입맛도 어릴 때부터 유기농 입맛을 길러줘야 훌륭한 독서가가 될 수 있다. 늘 아이들 입맛을 쫓아 달달한 음식을 먹이면 어른이 되어서도 '초딩 입맛'을 버릴 수 없듯이 독서도 마찬가지다.

만화부터 시작한 독서 습관은 그 한계를 넘지 못한다. 늘 만화책처럼 가벼운 책에만 머무는 독서를 할 확률이 높다. 사람은 몸이나 정신이나 근육이 있다고 본다. 우리 몸의 근육도 쓰면 쓸수록 강해지듯이 정신의 근육도 단련할수록 강해진다. '생각의 근육'을 키우기 위해서는 쉬운 책부터 시작하는 독서를 멀리해야 한다. 현명한 엄마는 어릴 때부터 아이에게 인스턴트 음식을 멀리 하도록 습관을 들인다. 아이 입맛을 나물 같은 자연 식재료로 만든 음식으로 길들인다. 질감이 다소 거칠지만 몸에 좋은 슬로푸드를 먹여 아이의 입맛을 다스리듯이, 독서 습관도 마찬가지로 이끌어야 한다.

어른도 마찬가지다. 지금까지 자기계발서나 쉬운 책을 즐기는 '초딩 독서 입맛'을 갖고 있다면 당장 독서 습관의 코페르니쿠스적 전환을 권하고 싶다. 고전이나 인문서를 읽어라. 질깃질깃 씹으면 씹을수록 단물이 우러나오는 그런 책들을 계속해서 읽다 보면 저절로 생각의 근육이 단련될 것이다.

딱딱한 책을 읽는 게 쉽지 않다고? 그런 책은 생각만 해도 잠이 온다고? 그러면 어쩔 건가. 그냥 단세포 아메바처럼 계속 그렇게 살든가! 이렇게 이야기하면 너무 심한 말일까. 하지만 때로는 충격 요법도 필요하다.

영화도 오락영화를 보고 나면 남는 게 없다. 그냥 볼 때만 재미있을 뿐이다. 책도 마찬가지다. 쉬운 책은 그냥 그때뿐이다. 작품성이 있는 영화처럼 두고두고 여운이 남는 책이 좋은 책이다. 또 생각할 거리를 던져주는 영화나 책이 명작이다.

# 씹으면 씹을수록 단물이 나는 고기 같은 책

최근에 나는 『인문학, 공항을 읽다』라는 책을 좋은 번역자 분을 섭외해서 출판을 했다. 출판 이후 언론의 집중 조명을 받을 만큼 평가가 좋았다. 만들 때도 최선을 다했지만, 처음 이 책을 발견했을 때 내가 찾던 바로 '그 책'이라는 생각이 들어 주저 없이 판권을 계약했다. 평소 '국내 독자들에게 이런 책을 소개해줘야지'라고 늘 생각해왔던 바로 그런 의미의 책이었다.

번역된 원고를 받아서 첫 교정을 시작할 때 몇 줄을 정식으로 읽어나가니까 숨이 멎는 것 같았다. 내 직관이 맞았던 것이다. 읽으면 읽을수록 내가 찾던 바로 그런 류의 책이었다. 그런 류가 어떤 책이냐고? 앞서 말했듯이 생각할 거리를 많이 던져주고, 유기농처럼 우리 정신에 유익한 그런 책 말이다.

출판하는 뿌듯함을 온몸으로 느꼈다. 바로 이렇게 정신에 자양분을 제공하는 책을 소개해줘야 한다니까! 생각의 근육을 키우는 바로 이런 책을 사냥해 출판하는 게, 바로 그게 출판인의 사명 아닌가. 이런 생각을 하면서 기쁨에 들떠 교정을 보았다. 몇 번을 다시 읽어도 읽을 때마다 전율이 흘렀다. 수많은 수사와 비유, 그리고 문학에서 끌어온 다양한 텍스트들. 공항이라는 하나의 소재에서 어떻게 이토록 일관적이면서도 다양한 변주가 울릴 수 있는 문학들을 콜라주처럼 오려붙일 수 있을까. 저자의 현학적이고도 미학적인 그 솜씨

에 감탄하고 또 감탄하면서 읽었다.

　물론『인문학, 공항을 읽다』는 다른 책들처럼 아주 쉽게 읽히지는 않았다. 하지만 초반이 지나니까 이제 저자의 문화 비평적인 홈그라운드에 익숙해지고 그 낯설음조차 편안하게 느껴졌다. 나중에 독자들의 서평들을 읽어보니 많은 사람들이 이 책을 읽으며 나와 비슷한 과정을 겪었다는 걸 알 수 있었다.

　생각의 근육을 키워주는 책, 단적인 예가 바로 이『인문학, 공항을 읽다』이다. 처음 씹을 때는 입의 근육이 아파오고 힘들어도 씹으면 씹을수록 단물이 나는 고기처럼 이런 인문서들은 처음 마주할 때는 책장을 넘기기가 힘들다. 그러나 한 페이지, 두 페이지, 인내심을 갖고 언덕을 오르듯이 숨차게 한 고개를 넘으면 뭔가 온몸에 전율이 흐르고 제 페이스를 찾게 된다. 그때부터가 바로 독서의 짜릿한 쾌감을 느끼게 되는 시점이다. 마치 마라톤을 할 때 초반에는 힘들지만 어느 시점을 넘어가면 어떤 쾌감 같은 게 밀려온다는 바로 그 느낌처럼 말이다.

## 생각의 근육은 인내심의 결과물이다

다시 강조하지만 생각의 근육을 길러야 쉽게 책장이 넘어가지 않는 책에서 오는 이런 쾌감을 맛볼 수 있다. 몸의 근육을 키우기 위해서도 인내심을 가져야 하는 것처럼 생각의 근육도 초반에는 참아야 한다. 지루함과 소위 말하는 딱딱함의 과정을 지나야 그 특유의 달달한 독서의 맛, 그 깊은 맛의 여운을 느낄 수 있다. 이 맛은 가벼운 책을 읽을 때 느끼는 얕은 재미와는 아주 다른 맛이며, 비교할 수도 상상할 수도 없는 오묘한 독서의 풍미다.

독서의 미식가가 되어라. 생각의 근육을 키우면 독서의 짜릿한 맛이 자기의 깊숙한 정신까지 파고들며 휘감아 도는 특유의 쾌감을 맛볼 수 있다. 한번 태어난 인생, 그런 맛도 못 느끼고 간다면 인간에게 허용된 어떤 한계치에 도달하지 못하고 가는 것과 마찬가지니 얼마나 아쉬운 일인가. 독서의 쾌감이란 인간에게만 허락된 능력이며 정신적 식감인데 말이다.

생각의 근육을 깨워라. 그러려면 도전 의식이 필요하다. 좀 어려워 보이는 책과도 맞서는 모험심이 필요하다. 그나마 그 훈련을 보다 좀 쉽게 하기 위해서는 우선 고전을 읽으라고 권해주고 싶다. 고전은 그래도 이야기 식으로 된 것이니 좀 낫지 않을까. 톨스토이나 도스토예프스키 등에서 시작해보는 것도 좋을 것 같다.

물론 축약본으로 된 그런 짧은 책이 아니라 저자들의 세세한 숨결이 그대로 느껴지는 5백 페이지나 6백 페이지의 원서 그대로 번역된 책이 좋을 것이다. 저자의 숨은 의도까지 촘촘하게 날실과 씨실로 짜인 번역본을 읽어야 생각의 촉각이 예민해질 수 있다. 생각의 근육을 키우는 것은 동시에 생각의 돌기를 예민하게 만드는 것과 같다. 마치 미식가의 입맛으로 만들어주기 위해 혀의 돌기를 예민하게 하듯이 독서의 맛을 섬세하게 느낄 수 있도록 생각의 돌기를 미세하게 만드는 것은 비슷한 이치다.

# 인스턴트 공화국, 독서도 인스턴트

"생각하지 않고 읽는 것은 씹지 않고 먹는 것과 같다."
- 버크

요즘 주변을 돌아보면 세상이 너무 빠르게 돌아간다는 걸 자주 느끼곤 한다. 과연 빠른 것이 좋을까. 뭔가 대충 대충 지나간다는 생각이 떠나질 않는다. 그 빠름 속에 우리가 잊고 가는 건 없을까. 먹는 것도 빠르다. 사람과의 관계도 빠르다. 모든 것이 초간단, 신속하게 이뤄지는 인스턴트 세상 같다.

독서도 빨리, 빨리! 그렇게 빨리 읽어서 많이 읽기만 한다면 우리 머릿속에 남는 것은 무엇일까. 예전에 독서 커뮤니티에서 활동하고 있는 어떤 사람과 우연히 이야기한 적이 있었다. 그 사람은 자신이 책을 무척 많이 읽는다고 말했다. 그런데 그 사람이 세상을 보는 눈은 너무 편협했고, 말하는 것을 들으면 분석적이지도 않았으며, 너무 눈에 보이는 것으로만 판단을 했다. 본질보다 현상만 바라보는 것 같았다.

분명 책을 많이 읽고 자기 것으로 했다면 현상 너머 본질을 볼 수 있는 눈을 가졌을 텐데 전혀 그렇지 않았다. 난 그 사람을 만난 이후 독서에 대한 믿음이 흔들렸다.

'아니, 책을 저렇게 많이 읽는데 생각은 왜 저렇게밖에 못할까. 독서가 정말 아무 필요 없는 걸까?'

이런 회의 속에 잠시 빠졌다가 그 사람을 찬찬히 관찰하고 분석하기 시작했다. 도대체 저 사람의 그 많은 독서들은 다 어디로 가버린 걸까. 한참을 이야기하고 그를 관찰한 결과, 빙고! 난 그 원인을 결국 찾아냈다. 그는 유행하는 책들만 빨리, 빨리 읽으며 베스트셀러에만 치중하는 독서를 했다. 또 권수만 채우려는 독서 습관, 생각 없이 활자만 읽는 독서 습관, 되새김질이 없는 독서 습관, 이 모든 것들이 그의 독서를 무의미하게 만드는 주범이었다.

책을 많이 읽었다고 자랑하지 마라. 많이 읽는 게 중요한 게 아니다. 어떻게 자기 것으로 소화를 하느냐가 중요하다. 마치 거식증 환자가 먹고 토하고, 먹고 토하는 것처럼 책을 활자만 읽지, 정작 생각을 채우는 것이 없다면 아무 영양가 없는 독서를 하는 것이기 때문이다.

## '비유'와 '상징'의 여백이 없는 세상
—

　　생각 없이 활자만 읽는 독서를 하면 아무리 책을 많이 읽어도 생각의 폭은 달라지지 않는다. 한번은 '책읽는귀족'으로 인터넷 검색을 해봤다. 연예인들이 자기 소식이 인터넷에 떴나 해서 자주 토털 사이트를 검색해보는 것처럼 출판사도 그런 차원에서 검색을 해본다. 신간이 나오면 우리 책 기사가 어느 매체에 실렸나 궁금해 검색을 해보는 차원이다. 하여튼 그런 검색을 하다가 SNS에 어떤 사람이 이런 말을 올린 걸 봤다.

　　"책읽는귀족이라······ 배드민턴 치는 귀족, 농사짓는 귀족, 쳇! 책 읽는 귀족이라니······. 귀족······ 이름 한번 거창하네."

　　아! 난 이 글을 읽고 깜짝 놀랐다. '귀족'이라는 단어를 이렇게 일차원적으로 생각할 수도 있구나. 사전의 의미에 나오는 그 첫 뜻 그대로만 받아들이는 사람도 있구나. 적어도 출판사 이름을 짓는데 설마 아무 생각 없이 그렇게 단편적인 의미로 지었을까. '비유'나 '상징'은 도대체 이 세상에 존재하지도 않는다고 생각하는 걸까.

　　사실 '비유법'이나 '상징적인 시어' 같은 것은 초등학교 국어 시간에도 배운다. 하지만 이런 말들이 그저 흘러가는 구름처럼 생각 속을 지나가버리지 않고 자기 안에 머물기 위해서는 책을 읽어야 하나 보다. 책을 읽으면 언어의 의미가 확장성을 지닌다. 한 단어의 의미에만 머무르는 단편적인 사고 체계가 아니라, 생각의 프리즘이 넓어진다. 언어는 곧 생각이다. 언어의 세계가 넓어지면 생각의 세상도 그만큼 넓어진다. 그래서 어른들이 책을 많이 읽으면(물론 이때 독서는 제대로 된 독서이다) 말도 잘하는 사람이 된다고 하지 않던가.

하여튼 '귀족'이라는 단어도 한번 예를 들어 보자. '책 읽는 귀족', 그렇다. 귀족이라는 말은 어떤 고귀한 신분을 지닌 사람이다. 그런데 이 단어가 '책을 읽는'과 결합했을 때 새로운 의미로 상징화되어 확장되는 것이다. 특히 이 단어가 출판사 이름에 사용되었다는 사실에 주목할 필요가 있다.

책을 읽으면 귀족이 된다, 우리는 그런 정신적 귀족을 지향해야 한다, 물질은 유한하기에 한 사람이 점유하면 다른 사람이 그만큼 가질 수 없고 결과적으로는 빼앗기는 형국이다. 하지만 책은 많이 읽어도 다른 사람의 것을 빼앗는 것은 아니다. 그러므로 물질을 많이 지닌 그런 일차원적 귀족이 일종의 폭력적인 결과라면 정신적 귀족인 책 읽는 귀족은 오히려 인생의 다양한 맛을 독서로 느끼는 고귀한 귀족이다. 뭐 이런 뜻으로 연상해서 생각해 볼 수 있는 것이 아닌가.

## 다독, 다작, 다상량의 삼위일체가 세상을 구한다

'귀족'이라는 단어의 비유를 확장해서 상징적으로 나타낸 '책읽는귀족'의 개념이 제대로 전달되기를 기대하는 게 성급했던 걸까. 말의 일차원적 뜻에만 매달리는 게 일반적인 풍조는 아니겠지. 간혹 그런 경우가 있다면 그건 독서의 부족 때문이 아닌가 싶다. 제대로 된 독서의 부족. 생각의 돌기가 발달하지 못해서 그 단어가 와 닿는 첫 감촉(첫 번째의 의미)에만 의지하는 둔탁한 생각의 입맛 때문에 그렇다. 짜다, 쓰다, 달다…… 이렇게 일차원적 맛밖에 못 느끼는 둔감한 미각을 소유한 사람들처럼 섬세하게 맛을 감지할 수 있는 미식가의 맛의 확장성을 이해하지 못하는 것이다.

그래서 이런 생각의 둔감한 돌기를 갖고 아무리 많은 책을 읽더라도 그것도 생각 없이 그냥 활자만 읽는 독서를 한다면 읽은 책 제목의 리스트가 아무리 길어져도 그 사람 인생이나 생각이나 세계관이 더 알차질 까닭이 없는 것이다. 무조건 많은 독서는 아무 의미가 없다. 마치 북한의 '속도전'처럼 책도 그렇게 뭔가를 해치우려는 기세로 많이 읽지 말기를 바란다. 생각 없이 하는 독서는 시간 낭비일 뿐이고 건강한 눈만 병들게 할 뿐이다.

중국의 송나라 문장가 구양수는 글을 잘 쓰기 위해선 3가지가 필요하다고 했다. 바로 다독(多讀), 다작(多作), 다상량(多商量)이다. 많이 읽고, 많이 쓰고, 많이 생각하는 게 글을 잘 쓰는 방법이라는 것이다. 이건 내가 예전에 중학생일 때 한문 시험에 반드시 빠지지 않고 나오는 문제였다. 그런데 인생을 사십 년 넘게 살아 보니까 왜 시험 문제에 그토록 자주 나올 만큼 중요한 이야기인지 알 것 같다.

많이 읽고 많이 쓰고 많이 생각하는 삼위일체가 되어야만 진정한 독서가 된다는 걸 이젠 시험 문제가 아니라 인생 경험을 통해서 알게 되었다. 인생에서 몇 권의 책을 읽느냐가 중요한 게 아니다. 얼마나 생각하게끔 하는 책을 읽었느냐가 중요하다. 그리고 얼마나 자기 안으로 체화된 책을 읽었느냐가 중요하지, 활자만 읽어나간 독서를 몇 백 권, 아니 몇 만 권을 읽든 그게 무슨 상관이 있을까.

남에게 자랑을 하려고 책을 읽는 것도 아니다. 자신의 세계를 만들고 자신 밖의 세상을 이해하는 시각을 넓히기 위해 책을 읽는 것이다. 책을 읽고 삶에 적용할 수 없다면 그 책이 무슨 의미가 있을까. 그냥 '심심풀이 오징어 땅콩'쯤으로 읽는 것은 사실 책이 아니다. 그냥 잡지나 인쇄물 쪼가리 정도가 아닐까. 적어도 책이라고 부르려면 책다운 책을 읽고 생각을 해야 한다.

요즘 끊임없이 신문기사에 오르내리는 크고 작은 사건과 사고들. 정말 걸어 다니는 것조차, 숨을 쉬는 것조차 위기일발인 세상이 되어가는 듯하다. 무조건 '빨리, 빨리!'를 외쳤던 인과응보일까. 인스턴트 공화국이라 그 후유증이 이제야 나타나는 건 아닐까. 이런 현상들은 사회적인 문제라지만 내가 볼 때에는 본질보다 현상을 중요시한 결과이다. 본질적인 문제가 해결되질 않았기 때문이다.

옳고 그름에 대한 본질적인 성찰의 부족, 거짓말이나 잘못을 너무 쉽게 용서해주는 사회 분위기, 꼼수를 지혜로 보는 어처구니없는 사람들의 인식들, 이런 잘못된 결과들이 쌓여서 대한민국은 그 후유증을 지금 톡톡히 치르고 있는 듯하다.

뉴스를 보면 정말 어처구니가 없는 일들이 많이 일어난다. 그런 모든 사고들의 이면을 자세히 살펴보면 공통된 점을 발견할 수 있다. 바로 원리와 원칙을 안 지킨 것, 딱 그 한 가지다. 꼼수가 원칙을 이기고, 원칙을 어겨도 쉽게 용서해주는 사회, 그게 모두 큰 사건과 사고로 이어진다.

나는 이 문제들의 근원에는 제대로 된 독서의 풍조가 없어서라고 감히 말하고 싶다. 책마저 인스턴트식으로 읽는 사회적 분위기 때문에 이 세상 모두가 뒤틀려나가고 있다면 과장된 걸까. 사회의 구성원인 개인들이 성장하면서 '어떻게 살아야 하는가'에 대한 해답을 스스로 얻질 못했기 때문에 사회적으로 사건, 사고가 끊이질 않는다면? 그리고 그렇게 잘못 구축되어진 사회 구조를 그대로 내버려두고 가는 건 아닐지. 무엇이 잘못되어 있는지도 책을 제대로 읽고 생각해야 발견해낼 수 있고 바꿔나갈 수 있다. 제대로 된 독서만이 인스턴트 결과물이자 우리를 둘러싼 이 엉망진창인 세상을 구원할 수 있는 길이라고 감히 말하고 싶다.

# 초록색 독서 노트와 '독서왕' 명찰

"돈이 가득 찬 지갑보다는
책이 가득한 서재를 갖는 것이 훨씬 좋아 보인다."
- 릴리

청소년기에 내 소원은 나중에 어른이 되었을 때 방 한 칸과 그 방의 벽면을 빠짐없이 메우는 책장들, 그리고 그 책장을 가득 채운 책만 있다면 난 참 행복할 것이라고 생각했다. 그게 소박한 내 소망이었다. 그 속에서 좋아하는 책을 실컷 읽으며 평생을 사는 게 내가 가장 바라는 미래의 내 모습이었다. 그만큼 어린 시절의 나는 책을 좋아했고 독서가 생활이었다.

어른이 된 지금 난 그 소망을 이뤘는가. 그래, 어쩌면 충분히 이룬 것 같다. 책을 읽는 데 그치는 것뿐만 아니라 책을 만들며 사는 삶이니 어릴 때 소망보다 더 많이 이룬 셈이다.

나의 독서 습관은 어릴 때부터 생긴 것인데 사실 그 당시 딱히 할

게 없어서 책에 취미를 붙인 것 같다. 그때는 텔레비전이 하루 종일 나오는 것도 아니고, 요즘처럼 할 것도 많은 세상이 아니니까……. 그저 주어진 건 책밖에 없었다.

그것도 뭐 요즘처럼 울긋불긋 예쁜 종이에 화려한 색깔로 가득 채워진 동화책도 아니었다. 새까만 글자만 빼곡하게 들어찬 계몽사 세계 동화 전집만이 초등학교에 입학하기 전의 내 눈에 유일하게 들어왔을 뿐이다. 유치원에 가는 아이들도 드문 그때 너무 심심해서 읽기 시작한 것이 책이었다. 그래서 결국 여기까지 온 셈이다.

습관이 무서운 거라 초등학교에 입학하고 나서도 책을 계속 많이 읽었다. 학교 도서관이 요즘처럼 잘되어 있는 것은 아니었지만 그래도 집에서 구할 수 있는 책들보다는 무척 많았다. 손에 잡히는 책은 계속 읽어나갔다. 단어들의 여러 가지 쓰임도 그렇게 책을 읽으며 문장을 이해하면서 알아나갔을 정도이다. 어려운 한자어도 처음엔 모르는 말이지만 다른 책들을 이어서 계속 읽어나가다 보면 또 그 단어를 만나고, 그게 반복되면서 그 단어의 쓰임새를 저절로 알게 되었다.

## 초등학교 독서 노트와 서재

내가 다니던 초등학교에는 그 당시에 '독서왕' 제도가 있었다. 한 달 동안 자기가 읽은 책을 학교에서 정해준 초록색 독서 노트에 독후감을 쓰면 그 학년에서 많이 쓴 사람들을 뽑아서 '독서왕' 명찰을 하사(?)했다. 독서 노트는 지금 기억을 해보면 한 페이지에 한 권씩 독후감을 쓰도록 만들어져 있었다. 그리고 그 노트 한 권에는 약 20권이나 30권 정도 독후감을 쓸 분량이었던 것 같다. 책을 꽤 많이 읽어 노트 하나로 부족한 사람은 여러 권을 실로 묶어서 제출한다. 그러면 독서 노트를 많이 낸 사람들을 순서대로 뽑는다. 그럼 그들이 바로 그 달의 독서왕이 되는 것이다.

나는 늘 읽어오던 것이 책이었기 때문에 그리 부담을 느끼지 않았다. 자연스럽게 노트를 채워나갔다. 그동안 다독에만 그치던 내 습관이 그때부터 많이 쓰는 다작으로 옮겨가기 시작한 것 같다. 그 당시 우리 학교 아이들은 독서왕 명찰을 자신의 명찰 아래에 이어서 다는 것을 마치 훈장을 받은 것처럼 자랑스러워했다. 그 분위기 때문에 독서 노트 열기는 뜨거웠다.

심지어는 내 짝꿍처럼 꼼수를 부리는 아이들까지 나왔다. 요약해 놓은 책, 즉 다이제스트 식으로 된 책을 읽고 그 책 안에 있는 수십 권의 줄거리를 뽑아다 독서 노트에 독후감 대신 채워 넣었다. 하지만 역시 세상은 공정한 것. 책을 열심히 제대로 읽고 독후감도 정석대로 써내려간 사람을 당해내진 못했던 것 같다. 나는 독서왕 명찰을 다달이 놓친 적이 없었기 때문이다. 그런 꼼수로 가끔은 독서왕 명찰을 달아보는 아이들도 있었지만, 오래 가진 못했던 것 같다. 세상은 언뜻 보면 꼼수를 부리는 사람이 성공하는 것 같아도 길게 보면 정석대로 하는 것이 승리로 가는 지름길인 것이다. 세상이 불공평하다는 생각이 들 때 숨을 한번 깊이 들이마시고 천천히 내쉬면서 자세히 들여다보라. 길게 보면 결국 공평한 저울질이 기다리는 인생사를 깨닫게 될 테니까.

하여튼 책은 우리 인생을 풍요롭게 해준다. 아마 책을 좋아하는 사람이라면 누구나 공감을 하겠지만, 책을 사랑하는 사람들은 세상에서 가장 원하는 게 책일 것이다. 그리고 가장 하고 싶은 일이 뭐냐고 누군가 물어온다면 원 없이 좋아하는 책을 읽어보는 것이라고 답할 것이리라. 바쁜 일상에 이리 치이고 저리 치이고 해서 손에 책을 잡는 순간이 그리 길지 못한, 여유 없는 세상살이다. 그렇기에 마음 편히 책을 읽는 나날들이 계속된다면 그보다 천국이 없으리라.

서재를 보면 그 사람을 안다는 말이 있다. 어릴 때 독서 노트 안에 어떤 책들로 채워져 있었느냐와 비슷한 맥락으로 어른이 되어선 서재가 그런 역할을 하는 듯하다.

요즘은 워낙 개인적인 일들을 인터넷에 많이 올려놓는 바람에 웹서핑을 하다가 누군가의 블로그를 본 적이 있다. 평소 독서 커뮤니티에서 자신의 다독을 자랑하면서 거친 댓글질을 서슴없이 하던 사람이었다. 링크된 글을 읽으며 따라가다가 본 사진이었는데 자신의 책장을 자랑스럽게 올려놓은 것이다.

아……! 좀 놀람, 충격……. 소위 독서 커뮤니티 사이트에서 다독가로 행세하는 그 누군가의 책장이 그렇게 단조로울 수 있다는 것에 적잖이 충격을 받았다. 또 많은 실망을 했다.

아주 깎아지른 듯한 새 책들이 그것도 베스트셀러만 가지런히 책장에 꽂혀 있었다. 시리즈물까지 장착된 아주 단조로운 책장이었다. 이 책장의 모습이 그렇게 책을 많이 읽는다고 자랑스러워하던 다독가의 실체였던 걸까.

난 요즘 독서의 트렌드에 너무나 심한 회의가 들었다. 그나마 책을 안 읽는다는 풍조에서 그래도 열심히 책을 읽으며 노력하는 그들을 격려해야 할 마당에 이렇게 회의를 품는다는 자체가 죄의식이 들기도 했다. 하지만 독자들이 정말 말로만 듣던 베스트셀러 위주의 독서만 한다는 그 사실이 한 장의 사진에서 적나라하게 확인되는 순간 충격이 컸다. 그 사진을 통해 아는 것과 보는 것의 느낌 차이가 정말 크다는 것을 다시 한번 깨달을 수 있었다.

## '자신의 색깔과 향기에 알맞은' 책장을 가지길

—

　　　　유럽이나 미국 같은 외국에선 독자들이 자신의 독서 취향에 맞는 책장을 가진다고 하던데 우리는 정말 왜 이럴까. 그래서 외국에선 출판이 아주 다양한 장르까지 튼실하게 유지될 수 있다고 한다. 다양한 소재에도 불구하고 꾸준한 독자층이 있기 때문이다.

　반면에, 우리 출판시장에선 출판사들이 소신 있게 출판을 할 수 없는 상황이다. 베스트셀러만 잘 나가기 때문에 잘 나가는 소재만 계속 따라서 출판을 한다. 그걸 거스르는 건 죽음과 같다. 곧 시장에서 퇴출을 의미하기 때문이다. 소신대로 출판하는 건 마치 일제점령기 때 독립운동을 하는 마음처럼 장엄한 자세를 가지지 않는 한 버틸 수 없는 상황이 되어버렸다.

　내가 늘 입버릇처럼 하는 말이 있다. 단지 돈 때문에 출판을 한다면 그냥 신발 장사를 하는 편이 낫겠다……. 돈을 벌기 위한 수단뿐이라면 내가 왜 이렇게 사양 산업이 되어버린 출판에 목을 매어야 한단 말인가. 돈이 되는 트렌드를 거스르는 것이 어떤 사람에겐 어리석은 일이 될 수도 있다. 하지만 나는 책 장사꾼만은 되기 싫기 때문이다. 장사를 하려면 차라리 돈이 더 되는 다른 걸 팔지, 이렇게 지지리도 안 팔리는 책 장사를 하겠는가.

　자꾸 외국 이야기를 해서 그렇지만 유럽에선 출판사 편집자가 학자 대접을 받는다고 한다. 그러나 아는 사람은 알겠지만 우리나라에선 그런 호사스런 대우는 없다. 일반 기업보다 훨씬 낙후된 곳이 출판계라는 것은 여기에 종사하는 사람은 다 아는 사실이다. 그런데도 왜 출판 일을 계속 할까. 그건 많은 사람들이 그렇듯이 그들도 한때는 책을 좋아하는 독자의 한 사람이었고, 책을 사랑하고 책의 매력에 푹 빠졌기 때문에 인생을 거는 건 아닐까.

뭐든지 너무 사랑하면 결국은 그걸 만드는 경지까지 간다고 하지 않던가. 영화도 그렇다고 한다. 영화 보는 걸 정말 좋아하는 것이 극에 달하면 결국은 영화를 만들게 된다고 말이다. 책도 그런 것 같다. 어릴 때부터 책을 좋아하던 사람은 나중에는 결국 책을 만드는 사람이 되고 만다.

책을 좋아하는 사람이라면 만일 무인도에 갈 때 딱 세 가지를 가지고 가야 할 경우 무엇을 갖고 갈까. 이 물음에 한 가지는 분명 책을 꼽을 것이다. 그런데 북 소믈리에로서 당부하자면 책을 무작정 좋아만 하지 말고, 자신만의 개성 있는 책장으로 만들어 가라는 말을 꼭 강조하고 싶다. 다른 사람들이 산다고 무조건 따라서 베스트셀러를 구입하는 함정에 갇히지 말고, 어느 유명한 시구처럼 '자신의 색깔과 향기에 알맞은' 그런 책들로 자신의 책장을 가득 채워나가길 바란다.

그런 서재와 책장을 갖는 것이 살아있는 독서이며, 자신의 영혼을 진정 살찌우는 방법이기도 하다. 책에 대한 다양한 맛을 느끼려면 여러 종류의 책을 읽고 결국 자기에게 알맞은 책의 맥을 찾아라. 그리고 그 흐름을 따라가야 하는 것이다. 남이 만들어 놓은 트렌드를 따라가는 것이 아니라 자기가 노력해 찾은 독서의 흐름을 이어가야 한다. 지금부터라도 자신만의 개성 있는 책장을 만들어가기 바란다.

# 잡식 독서법, 인문서부터 '19금'까지

"어떤 책은 맛보고, 어떤 책은 삼키고,
소수의 어떤 책은 잘 씹어서 소화해야 한다."
- 베이컨

"그럼 책의 미식가인 북소믈리에가 되려면 어떤 책들을 읽어야
하나요?"

이런 질문이 이쯤에서 떠오를 것이다. 그렇다. 어떤 책을 우리는
읽어야 할까. 일단 처음 독서에 입문할 때에는 다양한 책을 읽어야
한다. 물론 앞에서 말한 것처럼 우리 생각의 근육을 키워주는 인문
서나 고전은 기본으로 깔고 가야 한다.

그런데 여기서 잠깐! 그동안 독서에 대해 알고 있었던 고정관념
을 하나 깨뜨려줄 말을 이제부터 해야 할 것 같다. 노약자나 심장이
약한 사람은 심호흡을 한번 깊숙이 해주길 바란다, 하하! 흔히 책
은 양서를 읽으라고 말한다. 청소년들에게도 그런 식으로 책의 한

계를 그어준다.

그러나 처음 독서를 할 때에는 인문서면 인문서, 고전이면 고전, 한 장르에만 국한하지 말고 다양하게 읽어야 한다. 물론 소위 '19금'이라고 불리는 책까지 읽을 필요도 있다. 한의사들이 한약을 처방할 때도 독약의 요소를 지닌 약재마저 아주 미량을 곁들여 조제할 때도 있듯이 독서도 마찬가지다.

생각의 근육을 키워주고 생각할 거리를 던져주는 책을 중심으로 읽되 간간히 소위 야한 책도 읽고, 대중적인 책도 섞어 읽어줘야 한다. 하지만 여기서 분명한 전제 조건은 비중으로 따질 때 10을 기준으로 당연히 인문서와 고전을 7이나 8 정도로 읽어야 하고, 나머지를 적당히 19금이나 통속 소설이나 등등을 섞어 읽어야 한다.

모든 장르의 책들을 조금씩 맛을 봐야 정말 좋은 것과 아닌 것을 분별할 수 있는 더 정밀한 판단력이 생기기 때문이다. 알지 못하는데 비판할 수 없으며, 그것의 폐해를 논할 수도 없어서이다.

청소년기에도 책의 제한은 풀어줘야 한다. 물론 아직 정신적으로 미숙한 그 시절에 너무 한쪽으로 빠져버릴 수 있다. 이처럼 잘못된 독서 습관으로 굳어질까봐 '19금'이 정해져 있을 수도 있겠다. 그러나 정말 자신을 컨트롤할 수 있다면 진정한 독서가가 되기 위해서는 그 선을 넘는 것도 가끔 필요하다. 책의 미식가가 되기 위한 한 방법일 것 같다.

어른은 말할 것도 없다. 좋은 책만 골라 읽는다고 그런 책들을 멀리 할 필요는 없다. 아니, 당연히 그런 금기시하는 책들도 읽어야 한다. 마치 그런 야한 책들을 읽으면 자신의 품격이 떨어지면 어쩌나 하는 걱정 아닌 걱정을 하는 사람도 간혹 있을 수 있다.

그러나 책의 진정한 미식가가 되기 위해서는 이런 잡식 독서법이 필수이다. 책의 가치를 제대로 평가할 수 있는 섬세한 북소믈리에가 되려면 모든 장르의 책들을 섭렵해야 하지 않을까. 아니 반드시 그렇게 해야 한다. 모르는 분야를 남겨놓아선 안 된다. 자신이 모르는 분야가 있으면 자신감이 떨어질 것이다. 당당하고 전문적인 북소믈리에의 식견과 안목을 가지려면 초기에는 모든 장르의 책을 마다하지 않아야 한다. 반드시 기억해야 할 부분이다.

## 독서도 '고정관념에 대한 틀'을 깨뜨려라
▬

나는 중·고등학교 때 고전들을 많이 읽었지만 통속소설도 마다하지 않았다. 그 당시 인기가 높았던 김홍신의 『인간시장』 같은 소설도 닥치는 대로 읽었다. 하지만 물론 인문서와 고전들을 더 많이 읽었기 때문에 곧 얕은 식감이 드는 대중소설들보다는 인문서 쪽으로 더 기울어져 갔다. 맛이 너무 심심해서, 즉 맛의 질량감이 떨어져서 고전들이 더 땡겼다. 한편 내가 고등학생 때 마광수 교수의

『나는 야한 여자가 좋다』도 베스트셀러였다. 그 책도 주변에 돌아다니길래 읽었더니 제목과 달리 아주 철학적인 에세이집이었다.

난 플라톤의 이데아 개념을 그 책에서 처음 접하고 제대로 이해한 것 같다. 내가 나중에 철학을 전공하는 인과관계에 『나는 야한 여자가 좋다』에 나오는 그 작은 단서가 기여했다는 것을 인정할 수밖에 없다.

이처럼 책이란 것은 어떤 책이든 선입견과 편견을 가져서는 안 된다. 일단 읽어봐야 안다. 제목만 갖고도 오해하면 안 된다. 제목은 은유와 상징성을 지닌 것이므로 문학적으로 이해해야지, 일차원적으로 받아들여선 그 책의 실체에 가까이 다가갈 수 없는 법이다.

하여튼 여담이지만 이때 읽었던 『나는 야한 여자가 좋다』 책 때문에 나는 마광수 교수에 대한 인식이 좋았다. 내가 출판사를 차린 이후에 마 교수의 책을 많이 출판한 인연의 고리도 그때부터 생긴 것 같다.

말이 나와서 덧붙이는 건데 마광수 교수의 책을 집중적으로 출판을 한 까닭은 고정관념에 대한 틀을 깨뜨리고 싶어서이다. 나는 분명 마 교수의 책에서 철학적인 요소를 많이 봤다. 그런데 세상 속에서 너무 한쪽으로만 마 교수가 인식된 것이 안타까웠다. 특히 『가자, 장미여관으로』 시집은 제목과 달리 많은 부분의 시들이 독일의 유명한 시인 에리히 케스트너의 『마주보기』 시집처럼 철학적 생각을 담고 있다. 생각할 거리를 많이 던져주는 좋은 내용이 많다.

제목 때문에, 또 한쪽으로 치우친 시중의 평판 때문에 좋은 내용들이 많이 묻히는 게 안타까웠다. 그래서 출판 실험을 해보기로 했다. 이름 하여 '마광수 재평가 프로젝트'. 나는 어릴 때부터 꾸준히 해왔던 독서로 '고정관념에 대한 틀'을 '깨뜨려야 할 대상'으로 생각하는 경향이 있었다. 초기의 잡식 독서 끝에 찾아낸 내 독서의 맥은 '니체식 코페르니쿠스적 전환'에 해당하는 고정관념 타파, 주류에 대한 저항, 창조성의 발견, 다르게 생각하기 등의 말들로 설명되는 그러한 흐름이었다.

물론 이러한 독서 흐름은 세월이 지나면서 조금씩 변형을 겪었다. 그러나 주된 흐름은 '학의 다리가 길다고 자르지 마라'의 장자식 사고였다. 난 동양에 장자가 있다면 서양에는 니체가 있다고 생각하는 사람이다.

하여튼 그러한 이유로 마광수 교수가 재평가를 받아야 한다는 생각을 하였다. 그리고 그 생각을 실천에 옮겼다. 일반 사람들의 고정관념을 깨는 출판 실험을 감행한 것이다. 그 결과는? 마광수 교수의 책 중에서 인생과 철학적인 내용이 있는 책들을 2년여 기간 동안 주로 출판한 결과 절반의 성공을 거두었다고 본다.

## 자기만의 독서 흐름을 찾아라

　　서평이벤트를 통해 독자들의 서평을 분석해 보았다. 마 교수에 대해 지독한 편견을 갖고 있는 독자들이 조금씩 변하기 시작했다. 책읽는귀족이 출판한 마광수 교수 책들을 읽고는 마 교수에게 이런 사상도 있었네! 하는 의외의 반응과 자꾸 빠져드는 매력이 있다는 평들을 읽었기 때문이다.

　물론 마광수 교수 작품 중에는 지독하게 야한 책도 물론 있다. 그리고 시중의 평판처럼 마광수 교수가 성(性)의 아이콘이 될 작품도 있다. 하지만 분명한 것은 그런 작품 속에서도 일관되게 흐르는 주제 의식이 있다는 것이다. 인간 본능에 충실하자는 철학이 있는 것이다. 이성보다는 감성, 크게 보자면 장자나 니체와 같은 맥락이다.

　독서는 맥이다. 그 흐름을 살펴 파악하면 어떤 책도 빨리 다가온다. 이해하기 쉬운 책이 되는 것이다. 이건 『서양철학사』를 여러 번 읽어보면 터득할 수 있다. 내가 대학교에 처음 들어갔을 때는 철학이 정말 대단한 건 줄 알았다. 서양철학사 속의 이 많은 사상가들과 철학적 내용을 어느 세월에 다 이해할 수 있을까, 죽을 때까지 그들의 사상을 다 알 수 있을까, 많이 답답해했다.

　그래서 성격 급한 나는 대학교 1학년 여름방학 때 목표를 세웠다. 3, 4학년이나 읽는 두 권으로 된 두꺼운 『서양철학사』를 방학 내내 몇 번이나 되풀이해 읽기로 했다. 복잡해 보이는 세상사도 역사를 알면 그 흐름이 파악되듯이 철학도 『서양철학사』를 읽으면 뭔가 손에 잡히는 게 있지 않을까 하는 생각 때문이었다. 난 고등학교 때 니체에 대한 책을 읽으면서 철학을 전공하기로 결심했다. 그 때문에 일단 내겐 서양철학이 매력적이었다. 그래서 우선 『서양철학사』를 읽기 시작했다.

결론은? 한마디로 말하자면 서양철학의 맥은 잡았다는 것이다. 물론 단시간에 서양철학사의 구체적인 내용을 다 이해하는 건 불가능했지만 그 흐름은 파악했다. 더 이상 철학이 거대한 산처럼 느껴지진 않게 되었다. 철학이 넘지 못할 대상으로는 안 여겨졌다는 말이다. 그때 읽었던 『서양철학사』의 독서 때문에 이후 책을 대할 때 많이 편해졌다. 어떤 어려운 책도 파악하기 쉬웠다.

그 이유를 말해보자면 이렇다. 『서양철학사』를 읽으면서 철학자들의 생각의 흐름을 파악한 이후부터는 책의 흐름이 보였다. 많은 책들이 크게 보면 서양 철학 사상의 한 흐름에 속해 있다는 걸 깨달았기 때문이다. 서양철학의 큰 주제인 이성이냐, 감성이냐, 이 맥을 따라 좀 더 명확하게 나만의 독서 흐름을 쫓아갈 수 있었던 것이다. 하여튼 이런 흐름에 따라 감성 쪽에 서 있는 마광수 교수의 책 출판도 이어지게 된 것이다.

내가 여기서 강조하고 싶은 것은 일단 처음에는 잡식 독서를 하되 어느 시점이 되면 자기만의 맥을 찾아 독서를 하라는 것이다. 그러기 위해선 어떤 책도 거부하지 말고, 선입견도 갖지 말아야 한다. 직접 자신의 생각의 혀로 맛을 보라는 것이다. 남이 평가해놓은 것에 갇혀 제대로 된 실체를 보는 순간을 놓치지 말고! 책은 뜻밖의 순간에 뜻밖의 진리를 선사할 지도 모른다. 꺼진 불도 다시 보고, 평가가 좋지 않은 책도 다시 보자.

# 독서도 타이밍이다

"양서를 처음 읽을 때는 새 벗을 얻는 것 같고,
전에 정독한 책을 다시 읽을 때는 옛 친구를 만나는 것과 같다."
- 스미드

  나이에 따라 달라지는 독서 나이테. 인생의 많은 부분이 그렇듯이 독서도 타이밍이 있다. 어떤 시절에 그 책을 읽었느냐에 따라 똑같은 책이라도 다가오는 느낌이 많이 다른 걸 경험해봤을 것이다.

  내가 중학생일 때 아주 예쁘게 생긴 생물 선생님이 있었다. 나는 문과 기질이 강했는지 그 수업 내용은 별로 기억에 안 남는데 선생님이 수업 초반에 해준 이야기가 늘 가슴에 남는다.

  구체적으로 기억을 떠올리자면, 중학교 1학년 때였다. 초등학교와는 다른 중학교 생활이 생소했고, '생물'이라는 과목을 처음 접해서 멍 때리며 수업을 듣고 있었다. 첫 시간이었는데 생물 선생님이 맑은 얼굴만큼이나 또랑또랑한 목소리로 『어린 왕자』에 대해 이야기해주셨다. 국어 선생님도 아니고 개구리 생체 해부나 설명해줄 생물 선생님이 뜻밖에도 『어린왕자』를 꼭 읽어보라고 말했다. 그리고 한 번이 아니라 인생을 살면서 꼭 여러 번을 읽어보라고 당부를 하셨다.

멍을 때리고 있다가 갑자기 책 이야기가 나와서 귀가 쫑긋해졌다. 『어린 왕자』는 어릴 때 읽는 것과 중학교 때 읽는 것과 고등학교 때 읽는 것이 다르다고 한다. 어른이 되어서 읽는 것과 또 20대 때 읽는 것과 30대, 40대…… 등 인생의 나이대마다 읽고 느껴지는 것이 매번 다르다고 했다.

그 당시 14살이던 내겐 고등학생, 20대, 30대, 그리고 그 이상의 세월이 너무 와 닿지가 않았다. 영원히 오지 않을 것만 같던 그 세월을 말하는 선생님의 이야기가 허공으로 흩어졌다. 하지만 『어린 왕자』가 그리 대단한 책인가 하며 다시 읽어봐야겠다는 생각은 했다. 그때는 단지 여우가 어린왕자에게 하는 말, "밀밭이 바람에 흩날리면 네 머리칼이 생각나" 혹은 "네가 날 길들여서 네가 오기만을 기다려……" 등의 말들에만 혹 하고 있던 시절이었다.

## 인생의 음역이 넓은 책을 골라야

　　그 당시 중학교 교문 앞에 죽 늘어선 문구점에는 예쁜 엽서들을 팔고 있었다. 거기에 쓰여 있던 구절들만 맴돌던 시절이었기에 생물 선생님의 이야기가 깊이 파고들 여지는 없었다.

　그러나 나이가 들면서 그때로선 영원히 오지 않을 것만 같던 미래가 현재로 쌓여가고 있다. 그 가운데서 문득 문득 그 선생님이 『어린 왕자』에 대해 하셨던 이야기가 떠오른다. 인생에서 마음이 허전해지면 그때마다 『어린 왕자』를 다시 꺼내 읽어보곤 했다.

　그럼 정말 마술처럼 그 선생님이 했던 말이 이루어졌다. 똑같은 책의 내용인데도 전혀 다른 결의 섬세한 감정으로 다가왔다. 어릴 때에는 어린왕자가 여우를 길들이는 그 부분에만 설레었던 나였다. 하지만 좀 더 나이가 드니까 자기 별로 다시 돌아간 줄 알았던 어린왕자가 사막의 한가운데서 차갑게 식어가는 이야기가 가슴 저리게 다가왔다. 또 좀 더 나이를 먹고 세상을 알게 되니까 다른 부분이 더 강조되었다. 어린왕자가 여러 별들을 돌아다니며 만나는 이상한 인간 군상들이 마치 튀어나오기라도 한 듯이 우리 현실 속에 그대로 살아가고 있는 모습에 씁쓸해졌다.

　정말 그 선생님 말씀이 옳았다. 우리에게 당부한 그대로 나는 인생의 고비 고비마다 『어린 왕자』를 꺼내 들었다. 그리고 내 지친 삶에게 어린왕자의 진심어린 위로의 목소리를 들려주곤 했다. 어린왕자의 몸이 차갑게 식어간 사막은 이제 내가 서 있는 바로 이곳, 냉혹한 세상이 되어 있었다.

이처럼 독서는 타이밍이다. 똑같은 책이라도 한번을 읽을 때 다르고, 또 다음에 읽을 때 우리에게 주는 메시지는 다르다. 우리가 어떤 상황에 처해 있고, 어느 시절을 지나고 있는지에 따라 다가오는 이야기의 포인트는 다르다. 이렇게 『어린 왕자』처럼 인생에서 여러 번을 읽어야만 하는 책이 정말 좋은 책이 아닐까. 마치 넓은 음역의 키를 갖고 있는 훌륭한 피아노처럼 책도 이렇게 인생의 음역이 넓은 이야기를 담은 책을 읽어야 한다.

사람도 마찬가지다. 만나면 만날수록 진정성이 묻어나는 진국 같은 사람이 있는가 하면, 금방 얕은 바닥이 보이는 겉멋만 잔뜩 든 사람도 있다. 우리가 벗을 사귈 때에도 좋은 책을 고르듯이 해야 한다. 여운이 있는 사람을 만나야 한다. 책은 우리의 진정한 벗이다. 인간의 본성상 달면 삼키고, 쓰면 뱉는 인간 군상들이 많은 세상에서 책이 바로 좋은 친구가 아니겠는가. 우리에게 진심이 담긴 위안을 주는 『어린 왕자』와 같은 책 말이다.

옛 말에 정승이 죽으면 초상집에 개미 새끼 한 마리도 없지만, 정승의 개가 죽으면 문전성시를 이룬다고 했다. 이처럼 세상살이는 권력이 있는 자에게만 줄을 서는 아첨꾼들로 가득하다. 하지만 그런 세상이라도 어린 왕자처럼 순수함을 간직한 벗이 환하게 웃으며 우리를 기다려주는 곳이 바로 책이 아닐지.

## 책은 추억의 타임머신이 되기도

　　　좋은 책들을 많이 읽어서 좋은 벗을 많이 두자. 그래서 힘든 세상사에 지쳐 넘어지더라도, 시의 한 구절처럼 버텨 내자. 삶이 그대를 속일지라도, 비록 '속일지라도' 책이라는 좋은 벗들의 손을 잡고 다시 일어서자. 아름다운 세상을 열어줄 진정성 있는 벗들은 바로 그들일지도 모르니까.

　그런 책들은 읽고 또 읽어서 손때가 묻고, 책장 속에 보물처럼 고이 모셔져 있을 것이다. 비록 우리를 스쳐가는 책들은 중고서점에 팔아버릴지라도……. 하지만 소중한 책들은 삶을 살아가면서 한 번 보고, 또 보고, 자꾸 보게 된다. 혹여 누군가 빌려달라고 하더라도 선뜻 그 벗을 빌려주기가 망설여지는 까닭이다.

　남들이 보면 언뜻 낡아빠진 책표지에 허름한 종이들이 너덜너덜하더라도 내겐 그 무엇과도 바꿀 수 없는 기억의 저장고, 추억의 한 페이지다. 그런 보물 같은 책들이 가득한 책장, 자기만의 특색 있는 책장을 가지는 게 북소믈리에의 진정한 위엄이 아닐지. 마치 수십 년의 시간동안 와인 저장고에서 깊은 풍미를 간직하고 익어가는 와인처럼 그렇게 오랜 벗들은 나만의 책장에서 시간의 숨결에 익어갈 것이다.

　북소믈리에의 품격을 갖추려면 이런 책들을 최소 몇 권씩이라도 자신의 책장에 꽂아 놓아야 하지 않을까. 좋은 와인을 두고 그 맛을 음미하듯이 좋은 책은 세월이 가더라도 늘 그 맛을 유지할 것이다. 와인보다 책이 더 좋은 것은 와인보다는 책이 그 생명력이 훨씬 더 길다는 것. 와인은 아껴서 마셔도 언젠가는 그 바닥이 드러나지만, 책은 잘만 고이 다룬다면 한평생 나와 함께 이 세상 살다 갈 수 있을 테니 말이다.

또 책이라는 벗을 앞에 두고 술 한 잔 할 수도 있다. 때로는 책과 함께 시간 여행을 떠나 추억에 잠시 잠겨 볼 수도 있다. 혹시 어릴 때 읽었던 책 속에 끼워두었던 메모나 낙서를 발견한다면 잊고 있었던 그 시절의 순수했던 감정들, 또는 열정이 새록새록 다시 생각날 것이다.

고향집에 있는 내 책장의 옛 책들 속에서 가끔 그런 글자들과 조우하면 그때 간직했던 사상과 열정들이 내뿜는 향기에 취할 때가 있다. 책은 때로는 그렇게 과거의 나 자신과 만나게 해주는 타임머신이 된다. 또한 힘들 때 나를 일으켜 세워 주는 지렛대가 되기도 한다. 이런 오랜 벗을 두기를 원하는가. 그렇다면 책 속을 거닐어보라. 개 중에 나와 정말 '쿵짝'이 잘 맞고 오랜 친구가 될 만한 그런 믿음직하고 진심어린 존재가 분명 기다리고 있을 테니⋯⋯.

독서의 즐거움도 찾고
잃어버린 나 자신을 찾아서!

2 · 북소믈리에의 독서 레시피

Book Sommelier

# 독서의 3단계

"아무리 유익한 서적일지라도 그 절반은
독자 자신에 의해서 만들어지는 것이다."
- 볼테르

책을 맛있게 읽는 방법은 무엇일까. 한때 '1만 시간의 법칙'이라는 말이 유행한 적이 있다. 어떤 일을 1만 시간 정도 하면 그 방면에 고수가 된다는 것. 즉 전문가가 된다는 말이다. 나는 이제까지 살아오면서 독서를 1만 시간 이상 해온 것 같다. 그리고 이제야 느낀 것은 독서의 1단계는 그냥 책을 읽는 것이지만, 2단계는 세상을 읽게 되고, 마지막 3단계는 사람의 마음을 읽게 된다는 것이다.

앞에서도 말했지만 1단계 중 '책을 읽는 단계'에서는 처음에 닥치는 대로 책을 읽었다. 활자로 된 것이면 손에 닿는 대로 읽었다. 그때는 책이 별로 많지 않아서 그냥 눈에 띄는 건 다 읽었다. 그러다가 서양에선 플라톤이나 칸트, 동양에선 공자의 이성주의 중심, 관념을 중요시하는 하나의 흐름이 있다는 것을 깨달았다. 또 그 반대편에는 서양의 니체나 데이비드 흄이나, 동양의 노자나 장자 중심의 감성주의 흐름이 있다는 것을 알 수 있었다.

물론 이렇게 나누는 건 엄밀하게 학술적으로 따지면 오류가 생길 수 있다. 한 사람의 사상에서도 혼재돼 있어 다른 관점이 나올 수 있다. 하지만 독서를 할 때 편하게 접근할 수 있도록 나름대로 나누는 방식이다.

대략 이런 식으로 두 가지 큰 흐름의 방향을 잡으면 독서가 쉬워졌다. 처음 보는 내용이라도 몇 페이지만 읽으면 가닥이 잡혔고, 끝까지 읽어나가도 그 책의 방향을 잃어버린 적이 없었다. 그래서 나는 이런 맥을 잡는 방식이 독서를 할 때 상당히 좋은 가이드가 될 수 있다고 생각한다.

어쨌든 독서의 1단계 중 '닥치는 대로 읽기'의 초기 단계가 지났다. 그리고 내가 끌리는 책들만 방향을 잡아 읽기 시작하는 중후기 단계도 지났다. 그 후에도 계속 책을 읽다 보니 다음에는 책의 내용을 뛰어 넘어 세상이 보이기 시작했다.

세상을 읽는 독서의 2단계가 시작된 것이다. 1단계에선 괴테의 『젊은 베르테르의 슬픔』을 읽고 사랑이 이루어지지 않아 괴로워하다가 자살하는 주인공의 슬픈 사연만이 마음에 남았다면 2단계에선 '그 너머'가 보였다. 베르테르가 그 사회 속에서 지식인으로 적응을 잘 못하고 방황하는 행간의 텍스트가 눈에 보이기 시작했다.

그리고 사회 구조와 계급 관계, 세상이 어떻게 돌아가는지 책을 읽는 것처럼 눈에 들어왔다. 그동안 책에서 읽어왔던 것들이 내 안에 쌓여 그 데이터로 세상이 읽히게 되었다. 그냥 단순히 눈앞에 보이는 세상만 다가오는 것이 아니라, 이른바 하나의 틀로 짜인 세상의 전체 판이 눈에 들어온 셈이다.

그 다음 독서의 3단계. 이때에는 이젠 세상을 넘어 사람의 마음이 보였다. 입으로는 다른 말을 해도 그 사람의 표정, 눈짓, 얼굴 근육의 움직임 등에서 진실이 흘러나왔다. 그게 마치 무슨 요술 안경이라도 쓴 것처럼 다 보이기 시작했다. 단지 나이가 들어서 이런 걸 쉽사리 알아차릴 수 있는 걸까. 난 꼭 물리적 나이만 먹는다고 사람의 마음을 읽을 수 있는 건 아니라고 본다. 모두가 독서의 힘이다. 독서의 마지막 단계에는 바로 사람의 마음까지 읽을 수 있는 것이다.


## 프로파일링 기법으로 읽기

—

사람이 나이를 먹는다고 저절로 다른 사람의 마음을 읽을 수 있는 능력이 생긴다면 이 세상에 사기를 당하는 사람은 없을 것이다. 제대로 된 독서가 왜 중요하냐면 바로 현실적으로도 사기를 당하지 않고 살아갈 수 있기 때문이다. 책의 텍스트를 읽듯이 사람을 읽는 단계에 다다르면 가능해진다. 그 사람이 살아오면서 만들어온 얼굴의 지형만 살펴보더라도 그 사람의 과거를 전체적으로 파악할 수 있다.

땅의 모양을 보고, 예전에 그곳이 어떤 지역이었는지 알 수 있듯이 그 사람의 생김새에서 흘러나오는 굴곡을 보면 인격까지 읽을 수 있다. 그게 가능하냐고? 한 마디로 가능하다. 책을 읽듯이 사람을 읽으면 다 보인다. '사람은 마흔이 넘으면 자신의 얼굴에 책임을 져야 한다'는 말을 더러 들어봤을 것이다. 그 말과 같은 맥락이다. 독서의 3단계인 '사람의 마음을 읽는 단계'에 도달하면 마흔이 넘지 않은 사람을 만나도 그 사람의 마음을 읽을 수 있다. 얼굴을 텍스트처럼 관찰하고 분석하면서 읽기를 시도하면 그 마음의 행간이 보인다.

신기하다고? 그렇다. 신기하다. 점쟁이도 아닌데 사람의 마음을 읽다니 어찌 보면 신기한 일이다. 하지만 범죄 수사 기법에도 있듯이 프로파일링 기법처럼 범인이 남기고 간 아주 작은 단서까지 모아서 읽는 방법과 마찬가지일 것이다. 그 사람의 얼굴에서 살아온 인생의 데이터를 읽는 것이다.

이런 읽기 기법은 독서를 제대로 하면 3단계에 이르러 누구나 가능한 일이다. 출판 편집자로 또 오래 일해 오다 보니 어떤 사람이 써놓은 글만 한 페이지 가량을 읽어도 그 사람의 성격과 성향, 심지어 인격까지 언뜻 읽어낼 때도 있다.

글은 어떠한 형태라도 그 글을 쓰는 사람의 마음의 흔적을 남기기 마련이다. 마치 범인이 범죄 현장에 어떠한 식으로든 자신의 흔적을 남기듯이 말이다. 그래서 편지 형식이든, 또는 단순한 보고서라 하더라도 그 글을 쓴 사람의 성향을 훔쳐 읽어낼 수 있는 것이다. 이때 왜 '훔치다'라는 말을 사용했냐면 어쨌든 그 사람은 남이 자신의 마음을 읽으라고 그 글을 쓴 건 아니기 때문이다. 글을 쓴 사람의 의도와는 상관없이 마음을 읽는 것이므로 어찌 보면 '훔쳐' 읽는 게 맞는 말이기에 그렇다.

심지어는 아주 단편적인 답변에서도 그 글을 쓴 사람의 성향이 나온다. 간단한 문장에서 독서를 얼마나 했는지 그 정도까지 체크가 될 때가 있다. '책읽는귀족'의 네이버 카페에 가입하려면 다섯 가지 질문에 대한 대답을 해야 한다. 이 대답을 회피하는 사람은 강제탈퇴 시키는 게 카페의 원칙이다. 이때 나는 한 줄도 안 되는 회원들의 짧은 답변에도 '읽기'를 시도한다. 이런 읽기 시도를 통해 나름대로 계속 '독서 훈련'을 하는 셈이다.

이때 '읽기'는 단순히 글을 읽는 것이 아니라는 건 이쯤 읽어온 독자들이라면 충분히 알 수 있을 것이다. 짧은 단어 한두 마디에도 그 사람은 흔적을 남기게 마련이다. 독자 여러분도 이런 '읽기'에 도전해보는 것은 어떨까. 꽤나 재미있을 것이다. 독서는 어느 단계에 들어서면 비단 책만 읽는 것뿐이 아니라 이렇게 어떤 대상이라도 읽는 게 가능해진다.

뭐든지 반복적으로 훈련하면 더 잘할 수 있게 된다. 처음부터 나도 바로 이런 자투리 단어들만 보고 사람의 마음을 읽어낼 수 있었던 것은 아니다. 독서의 3단계에 이르고 또 이런 읽기 훈련을 수시로 하다 보니 이젠 어떤 대상을 보기만 해도 현상 너머 본질이 금세 읽어지는 것이다. 그게 활자든, 세상이든, 사람의 마음이든 말이다.

그런데 어떻게 읽은 것이 맞는지 증명할 수 있냐고 궁금해 하는 사람들도 있을 것이다. 나중에 이런저런 만남과 활동으로 그 사람을 검증할 기회가 있을 때마다 이런 읽기가 꽤나 정확하다는 것을 확인했다. 그럴 때마다 나도 깜짝깜짝 놀라곤 한다. 예를 들어, 대학교 때는 선배의 연애 상담을 해주면서 내가 보지도 못한 어떤 여자의 몇 가지 간단한 데이터만 갖고도 그 여자의 교육 수준, 독서의 양, 성격, 취향, 등을 다 알아맞혔다. 나중에 그 선배가 연애를 해가면서 내가 말해준 정보가 '제대로' 들어맞았다는 사실을 확인해주었다.

그럼 이러한 것들을 어떻게 읽어냈냐고? 점쟁이라서 안 것이 아니라 바로 프로파일링 기법을 적용한 것이다. 그 선배가 주는 조각조각의 정보를 갖고 그 사람을 읽어낸 것이다. 독서의 마지막 단계는 바로 이렇게 어떤 대상이라도 읽어내는 데 있다.

## '읽는다'는 말의 확장성

　　이 '읽는다'는 개념이 이젠 무엇을 의미하는지 여기까지 읽어온 독자들은 잘 알 수 있을 것이다. '읽는다'는 말을 꼭 활자에만 적용해야만 하는 것이 아니라는 것도 알겠지. 『인문학, 공항을 읽다』를 출판한 이후 서평을 읽었는데 놀라운 사실을 알았다. 일부 사람들이 의외로 '읽는다'는 말의 확장성을 잘 이해하지 못하고 있다는 것이다.

　　어떤 사람들은 처음에 이 제목을 보고 어떻게 책이 아닌 공항을, 글이 아닌 공항을 읽을 수 있는지 의아했다고 한다. 나는 그 서평의 이런 한 부분을 읽고 많이 의외였다. '아, 이렇게 공항이라는 대상을 읽는 대상이라고 전혀 예상하지 못하는 독자들도 있구나', 하는 놀라움과 약간의 당황스러움이랄까.

　　어쨌든 다행스럽게도 그 독자들은 『인문학, 공항을 읽다』를 끝까지 읽고 나서는 공항도 읽을 수 있는 대상이라는 것에 공감을 하였다. 그리고 이해를 하는 단계에까지 이르렀다는 것이다. 더 뿌듯한 점은, 다들 신선하다는 느낌을 적어놓았다는 것이다. 평소에는 전혀 생각도 못했던 공항이라는 곳을 '읽는 대상'으로 접근하는 시도에 놀라워했다. 그동안 단순히 비행기를 타는 장소인 줄만 알았던 공항이라는 대상이 '읽을 수 있는 대상'으로 접근한 이 책이 굉장히 신선하고 독특하다는 것이다.

나는 그런 서평을 읽을 때마다 뿌듯했다. 출판기획자로서 자부심이 느껴졌다. 내가 의도했던 것이 바로 이런 것이 아니었던가. 나는 독자들이 내가 기획한 책을 읽고 뭔가 새로운 것을 한 조각이라도 느끼고 또 깨닫길 바랐다. 그게 아까운 나무의 생명을 희생해가면서 종이로 만든 책을 출판하는 의의가 될 수 있다고 생각했기 때문이다.

책을 읽고 나면 그냥 무의미하게 흘려보내는 그런 책이 아니라, 뭔가 단 한 조각이라도 그 책을 읽은 사람의 인생관이나 가치관에 맑은 종소리를 울리는 그런 책을 만들고 싶었다. 그 소망을 아주 정확하게 이룬 것이 바로 『인문학, 공항을 읽다』였다.

똑같은 내용의 책이라도 독자가 그것을 어떻게 접근해 머릿속으로 요리하고 읽는지에 따라 그 책의 가치는 상당히 달라질 수도 있다. 기획 의도대로 그대로 전달되는 독자가 있는 반면 그 책이 가진 영양가를 전혀 흡수하지 못하고 그냥 흘려보내는 독자들도 있다. 그럴 때는 정말 안타까울 따름이다. 그래서 내가 『우리는 어떻게 북소믈리에가 될까』를 지금 이 시점에서 반드시 써야만 한다는 사명감 비슷한 것을 느꼈는지도 모르겠다.

하여튼 앞으로도 나는 독자들이 '읽는' 행위에 대해 글자, 문자, 텍스트 자체에 국한되는 독서가 아니라, 어떤 대상이라도 읽어내는 수준의 독서로 이끌기 위한 출판 기획을 계속할 것이다. 그것이 바로 내가 출판을 하는 존재의 이유이기도 하기 때문이다.

# 단순히 책을 읽는 행위만 독서가 아니다

—

이제 '읽는다'는 말의 확장성을 충분히 이해했을 것이라고 생각한다. '읽는다'는 말의 비유와 상징을 받아들인다면 공항을 읽든, 사람 마음을 읽든 어떤 것에도 당황하지 않고, 딱! 이해할 수 있을 것이다. 내가 기획한 책 중에 마광수 교수의 『멘토를 읽다』라는 책이 있다. 이 책 제목을 내가 처음 말했을 때 혹자는 멘토를 어떻게 읽을 수 있냐고, 책이 아닌데 어떻게 읽지 하며 이상하지 않느냐는 의견을 주었다.

순간 나는 깜짝 놀랐다. 그래도 출판 일을 하는 사람이 어떻게 그런 비유를 받아들이지 못하는지 도저히 이해가 안 되었다. 직업이 책을 가까이 하는 사람이면, 또 문학적인 책들을 그렇게 많이 읽은 사람이 어떻게 이 정도 단어의 비유를 받아들일 수 있는 마음이 없다는 건지 납득이 안 되었다. 어쨌든 난 그 제목으로 갔다. 왜냐하면 '멘토'라는 말은 너무 식상했지만, '읽는다'와 함께 놓으면 또 새로운 해석과 느낌이 가능하기 때문이다. 그건 마치 내가 예전에 썼던 『작가 사냥』의 제목처럼 '작가'라는 일상적이고 무의미한 단어와 '사냥'이라는 평범한 단어가 함께 놓였을 때 신선한 의미로 다가오는 것과 같은 맥락에서이다.

어쨌든 사람들은 '읽는다'는 개념에 대해 너무 일차원적으로만 그 뜻을 적용해 받아들이는 것 같다. 암기 위주의 우리 교육 풍토에서 여백이 많은 시를 비중 있게 잘 가르치지 않아서일까. 사람들이 독서를 너무 하지 않아서일까. 하지만 책을 많이 읽은 사람도 그걸 선뜻 이해를 못하는 걸 보면 다시 한 번 강조하지만 독서는 다독(多讀)이 절대로 중요한 게 아니다. 한 권을 읽더라도 제대로 읽는 것이 중요하다.

책을 읽자, 그리고 세상을 읽자. 그러면 사람의 마음도 읽을 수 있을 것이다. 독서의 3단계, 놓치지 말자. 그래서 편협한 생각의 각도를 가지지 않고 단어의 다양한 상징과 비유를 포용할 수 있는 생각의 프리즘을 갖도록 하자. '아는 만큼 보인다', 이건 꼭 관광지의 유적에만 해당되는 것이 아니다. 글도 마찬가지, 단어도 마찬가지, 세상도 마찬가지, 사람의 마음도 마찬가지, 우리 인생도 마찬가지다.

독서를 왜 해야 하는지, 제대로 된 독서를 왜 해야 하는지 이제는 정말 분명하게 와 닿을 것이다. 단순히 책을 읽는 행위만 독서가 아니다. 사람은 독서를 통해 남들이 보지 못하는 영역까지 보는 능력을 가질 수 있다. 그것만으로도 독서는 얼마나 짜릿한 행위인가. '읽는다'는 행위는 인간이 할 수 있는 가장 고차원적인 행위가 아닐지.

# 신토피칼 독서법

"독서를 하고 생각하지 않는 것은 식사를 하고 소화되지 않은 것과 같다."
- 버어크

 우리가 와인마다의 섬세한 맛을 구별할 수 있는 소믈리에처럼 책의 맛도 금방 잘 감별할 수 있는 북소믈리에가 되려면 '신토피칼 독서법'도 추천하고 싶다. M. J. 아들러와 C.반 도렌의 공저인『독서의 기술(HOW TO READ A BOOK)』에 나오는 신토피칼 독서법은 주제 탐험식 독서법이다.

 물론 이 책에 따르면 독서의 단계는 '초급 독서'부터 시작해서 제2단계인 '점검 독서'로 가고, 제3단계인 '분석 독서'에서 제4단계인 '신토피칼 독서'에 이른다고 한다.

 이 중에서 우리가 주목해야 할 것은 바로 제4단계인 '신토피칼 독서'이다. 여러 독서법 중 신토피칼 독서는 미국은 물론 전 세계적으로 큰 반향을 불러일으켰다. '신토피칼 독서'는 하나의 주제에 대해서 한 권만이 아니라 몇 권의 책을 읽는 것을 말한다. 같은 주제에 대하여 2종 이상의 책을 섭렵함으로써 그 주제에 대한 개념을 심층적으로 이해하게 되는 독서 방법이다.

대학교 때 과제로 소논문을 쓰거나 졸업 논문을 쓸 때 이 신토피칼 독서법을 부지불식간에 우리는 활용해왔다. 다시 말해 신토피칼 독서법은 어떤 한 주제에 맞는 책의 내용들을 읽어가는 방식이다. 이 신토피칼 독서법이 선뜻 다가오지 않는다면 머릿속에 '생각 서랍'을 만드는 걸 한번 상상해 보자. 머릿속에 생각 서랍을 만드는 게 어떤 의미인지 쉽게 다가올 것이다.

독서에 있어서 머릿속에 생각의 서랍을 만드는 것은 정밀한 독서를 위해 가장 중요하다. 책들은 정말 넘쳐 나지만 우리는 그 많은 책들의 내용에 대해 모두 이해할 수 있을까. 하지만 '생각 서랍'이라는 걸 머릿속에 만들어 나름대로 주제별로 정리해두는 습관을 기른다면 어려운 책도 금방 자기 안에 그 개념을 받아들이고 정리해 놓을 수 있다.

# '생각 서랍' 만들기

'생각 서랍'을 만드는 것은 소위 말해서 카테고리별로 개념이나 줄거리를 분류하는 연습이다. 어릴 때부터 주변 사물의 정리 정돈을 잘하는 연습을 하듯이 우리 생각도 정리가 잘되도록 훈련시켜야 한다. 이런 사고방식이 생활화된다면 저절로 독서가 보다 편해질 것이며, 논리적인 사고로 단련될 수 있다. 이 '생각 서랍'을 보다 이해하기 쉽도록 더 세분해서 우리가 어릴 때 읽었던 『콩쥐팥쥐』와 『신데렐라』를 예로 들어보겠다.

| 생각 서랍 | 콩쥐팥쥐 | 신데렐라 |
|---|---|---|
| 서랍1 | 콩쥐는 어릴 때 엄마를 잃었습니다. | 신데렐라는 어릴 때 엄마를 잃었습니다. |
| 서랍2 | 콩쥐 아빠는 재혼을 했습니다. | 신데렐라 아빠는 재혼을 했습니다. |
| 서랍3 | 콩쥐에겐 새엄마와 팥쥐 동생이 생겼습니다. | 신데렐라에겐 새엄마와 언니들이 생겼습니다. |
| 서랍4 | 콩쥐 새엄마는 아빠가 없을 때 콩쥐를 구박하고 일만 시켰습니다. | 신데렐라 새엄마는 아빠 마저 돌아가시자 신데렐라를 구박하고 일만 시켰습니다. |
| 서랍5 | 원님의 생일잔치에 새엄마와 팥쥐만 갔습니다. | 왕자님이 여는 파티에 새엄마와 언니들만 갔습니다. |
| 서랍6 | 콩쥐는 혼자 남아서 새엄마가 시킨 집안일을 해야 했습니다. | 신데렐라는 혼자 남아서 새엄마가 시킨 집안일을 해야 했습니다. |

| | | |
|---|---|---|
| 서랍7 | 새엄마는 밑이 깨어진 장독에 물을 가득 채우면 콩쥐가 원님의 생일잔치에 가도 좋다고 합니다. | 새엄마는 잿더미 속에 흘린 콩 한 접시를 모두 주워 담으면 신데렐라가 왕자님의 파티에 가도 좋다고 합니다. |
| 서랍8 | 콩쥐가 울고 있는데 두꺼비가 나타나 장독 밑을 막아줍니다. | 신데렐라가 울고 있는데 비둘기가 나타나 콩을 주워 줍니다. |
| 서랍9 | 결국 콩쥐는 선녀의 도움으로 모든 어려운 일을 해결하고 원님 잔치에 갈 수 있게 됩니다. | 결국 신데렐라는 요정의 도움으로 모든 어려운 일을 해결하고 왕자님의 파티에 갈 수 있게 됩니다. |
| 서랍10 | 콩쥐는 원님 잔치에서 실수로 넘어져 고무신 한 짝을 두고 와버렸습니다. | 신데렐라는 궁전으로 갔다가 약속한 12시가 되자 급히 나오다 유리 구두 한 짝을 두고 옵니다. |
| 서랍11 | 원님은 고무신의 주인에게 반해서 고무신의 주인을 찾았어요. | 왕자는 유리 구두의 주인에게 반해서 유리 구두의 주인을 찾았어요. |
| 서랍12 | 욕심 많은 팥쥐는 자기 발에 맞지 않는 고무신을 억지로 신으려고 했어요. | 욕심 많은 신데렐라의 새언니들은 자기 발에 맞지 않는 유리 구두를 억지로 신으려고 했어요. |
| 서랍13 | 결국 원님은 고무신의 진짜 주인인 콩쥐를 찾아 결혼을 하고, 콩쥐와 원님은 행복하게 잘 살았어요. | 결국 왕자님은 유리 구두의 진짜 주인인 신데렐라를 찾아 결혼을 하고, 신데렐라와 왕자님은 행복하게 잘 살았어요. |

『콩쥐팥쥐』와 『신데렐라』는 각각 우리나라와 서양의 전래동화이지만 그 이야기의 틀은 거의 유사하다. 이 동화가 나올 즈음에는 동서양이 서로 왕래도 거의 없을 터인데 어떻게 이토록 비슷한 이야기 구조가 나왔을까. 그건 사람들이 생각하는 원형이 거의 비슷하다는 걸 암시할 수도 있다.

## 독서에도 맷집이 생겨야 한다

마치 심리학에서 융이 '무의식의 원형'을 주장했듯이 인류
에게는 공통적으로 잠재적인 원형이 무의식에 존재한다는 것처럼
전래동화도 같은 맥락에서 이해하면 될 듯하다. 그래서 전혀 만나
지도 않았던 동서양의 콩쥐와 신데렐라가 유사한 이야기 구조를 가
지게 된 것 같다.

그래서 내가 강조하고 싶은 것은 책을 많이 읽다 보면 책 내용에
대해 겁을 먹을 필요가 없다는 것이다. 내가 읽기엔 내용이 너무 어
려운 책이다, 이해하기엔 너무 벅차다 등 지레 마음의 벽을 쌓을 필
요가 없다.

'생각의 서랍'을 만드는 연습을 꾸준히 하다 보면 처음에는 무엇
부터 정리해야 할 지, 어떤 서랍의 종류를 만들어야 할 지 잘 모르
고 헤맬 수도 있다. 하지만 공통된 카테고리를 염두에 두고 책을 읽
어나가다 보면 비슷한 주제나 개념으로 모아지는 책들이 있다.

한 서랍 안의 책을 충분히 이해한다면 그 다음 같은 서랍에 담겨
질 책들은 이해하기 쉽다. 그러나 아직 독서의 초기 단계에서 한 카
테고리의 서랍에 담긴 책을 전부 이해할 수 없다고 해도 너무 좌절
할 필요는 없다. 일단 하나의 주제가 잡히면 다 이해가 안 되더라도
생각 서랍 속에 우선 넣어 두면 된다. 그러다가 또 비슷한 주제의 책
을 독서하게 되면 첫 번째 넣어두었던 책 내용이 전부 이해가 안 되

던 것이 그 다음 책 때문에 더 이해의 폭이 넓어지는 마법이 일어나는 것이다.

독서력이 높아지는 건 바로 그러한 마법이 일어나는 순간들이다. 그러니 너무 쉬운 책에만 매달리다 보면 이런 마법이 일어날 기회조차 없다. 쉬운 운동을 하면 근육이 안 만들어지고 자기 몸에 별 도움도 안 되고 운동도 안 되듯이 독서도 마찬가지다. 너무 쉬운 책들만 읽다 보면 아무리 책을 읽어도 독서력이 발전하지 않는다.

어려운 책? 그래 봐야 우리와 똑같은 사람이 쓴 책이다. 어려워봐야 얼마나 어려울까. 독서에 있어서도 도전 의식을 가져라. 설사 처음에는 이해하기 어려운 책이라도 겁내지 말자. 어떤 책의 내용을 읽고 나서 1퍼센트만 이해했다고 치자. 그 다음에 또 어려운 책을 맞닥뜨리면 2퍼센트 정도 더 이해하게 되고 독서에도 저절로 맷집이 생기게 된다. 그 다음부터는 어려운 책을 읽으면 읽을수록 더 빨리, 더 쉽게 이해를 하게 되는 마법 같은 순간과 조우한다.

이게 바로 독서의 맛이고 우리를 북소믈리에로 만들어주는 과정이다. 그런데 독서에 대한 이러한 인내의 과정을 거치지 않고 어떻게 독서가 주는 숙성된 와인처럼 '깊은 맛'을 느끼려 할까. 그건 공평하지가 않다. 노력 없이 뭔가를 얻을 수는 없다. 귀중한 것일수록 큰 수고가 따르는 법이다.

자, 이제부터는 책을 만만하게 보자. 어려운 책에도 기죽지 마라. 독서에도 인내심을 가져라. 그래야 산의 정상을 오르듯이 독서의 최고봉에 오를 수 있다. 독서의 최고 고수가 될 수 있다. 또 책이 주는 진정한 생각의 열매를 딸 수 있다.

하지만 요즘 우리가 하는 독서는 거의 가십거리 수준이 아닐까. 한번 반성해볼 필요가 있다. 늘 책을 가까이 하고 있다지만, 독서를 하고 있다지만 과연 우리는 진정한 독서를 하고 있는 것일까. 우리는 생각의 근육을 늘리고 있는 것일까. 운동을 하지만 몸에 아무런 근육이 생기지 않는 것처럼 독서를 하는 척만 하는 건 아닌지. 우리의 독서 습관의 점검이 필요한 때이다.

# 작가 페티시 독서법

소믈리에처럼 아주 정교하고 섬세한 혀의 돌기를 가져 볼까. 독서의 참맛을 느낄 수 있도록 생각의 돌기를 정교하게 만드는 또 다른 독서법에는 이른바 '작가 페티시 독서법'이 있다. '페티시'라는 것은 원래는 어떤 특정 물건을 통해 성적 쾌감을 얻는다는 뜻도 있다. 하지만 요즘은 좀 더 확장해서 어떤 것에 대해 집착하고 아끼는 것에 대한 은유로도 쓰인다. '작가 페티시'라는 말도 그런 은유적 차원에서 사용한 것이다.

'작가 페티시 독서법'이란 한 작가를 특별히 좋아한다면 그 작가의 책을 찾아 모조리 읽어대는 것이다. 사람이란 것은 한계가 있는 법이라 아무리 상상력이 뛰어난 작가라고 해도 한 사람의 머리에서 나오는 생각이란 어떤 하나의 카테고리가 있는 법이다. 혹은 일정한 주제 의식을 갖고 책을 쓰는 작가라면 그 작가만의 고유한 주장이나 사상이 있는 법이다. 이런 독서법은 한 사람의 정신세계나 가치관이 일관되게 흐르는 맥을 발견할 수 있는 좋은 방법이다.

나의 경험을 예로 들자면 중학교 1학년 때 우연히 놀러간 친척 집 방바닥에 돌아다니고 있던 『데미안』을 통해 헤르만 헤세를 처음 만났다. 그때 『데미안』은 한자투성이의 세로로 인쇄된 아주 자잘한 글씨로 내게 다가왔다. 내가 그 책을 읽고 전부를 이해하기엔 좀 어려운 면도 있었지만 이상하게 내게 꽂혔던 모양이다.

『데미안』의 초반에 나오는 '두 세계'라는 이야기에서 나는 세상의 묘한 이분법적 구조를 깨닫게 되었다. 금지된 구역과 허락된 세상, 이 세상에는 내가 속한 곳이 아닌 다른 세계도 존재한다는 걸 어렴풋이 알았다.

또 주인공 싱클레어에게 데미안의 엄마인 에바 부인의 존재가 친구 엄마를 넘어 연인으로 존재할 수도 있다는 사실에서 캐릭터의 은유라는 개념을 처음 배운 것 같다. 그리고 이 단락에서 역시 '금지된 것'에의 향수를 느꼈을 수도 있다. 이 세상엔 우리가 모르는 '저 너머'의 세계가 많이 존재하는구나 하는 것을 말이다. 이 '저 너머'라는 개념은 어쩌면 나중에 플라톤이 말하는 이데아론에 있어서 현상과 본질이라는 개념을 내가 이해하는 데 하나의 틀이 되어준 건 아닌가 싶다. 그 이분법적 구조에 대한 이해 말이다.

## 헤르만 헤세의 『데미안』에서 출발하다

『데미안』의 끝부분인가에서는 조로아스터교의 한 갈래인 가 하여튼 불을 숭상하는 종교가 있다는 이야기도 나온다. 싱클레어가 알게 된 어떤 지인이 불을 계속 바라보면서 그 불길에서 어떤 사상이나 형상들이 연상된다는 것을 가르쳐 준 대목은 인상적이었다. 종교가 그 당시 내가 알고 있던 기독교, 불교를 넘어 종교에도 또 다른 세계가 있다는 것 역시 피부에 와 닿을 만큼 생생하게 다가왔다. 그냥 불을 숭상하는 종교라는 막연한 개념에서 그게 우리에게 무슨 의미로 존재할 수 있는지도 깨닫게 되었다.

'저 너머'라는 개념을 통해 내가 갇혀 있었던 좁은 생각의 세계가 깨뜨려졌다. 이러한 충격적인 깨달음이 나를 한때 헤르만 헤세의 신봉자로 만들었다. 그래서 『데미안』에 빠지고부터는 헤세의 국내 번역 작품은 다 찾아 읽기 시작했다. 『수레바퀴 아래서』, 『지와 사랑』, 『싯다르타』, 『유리알 유희』 등등. 그 이외에 국내에서 헤세의 에세이들을 따로 모아서 출간하는 신간이 있으면 나오자마자 그 책을 사러 서점으로 달려가곤 했다. 나는 헤세의 신간이 나오는지를 살피기 위해서 신문의 책 광고 면을 항상 유심히 살펴봤다.

그 당시에도 책값이 그리 호락호락한 건 아니어서 명절 때 받아 놓았던 용돈을 안 쓰고 있다가 책을 사는 데 사용했다. 그때는 평소 정기적인 용돈 같은 개념은 없었으니까 딱히 돈이 나올 데가 없었다. 명절이 되어야만 돈이 생겼다. 그 돈은 몽땅 책을 사보는 데 쓰였다. 어쨌든 고등학교 1,2학년 때까지 이러한 헤세 사랑은 이어졌다.

이렇게 한 작가의 작품을 줄기차게 파고들다 보면 그 작가가 전혀 다른 색깔로 써놓은 작품이라고 하더라도 어떤 일관된 세계관을 엿볼 수 있다. 헤르만 헤세는 항상 '자아로 돌아가라'고 일관되게 외친다. '자기 자신의 내면의 목소리를 들어라'는 이 메시지는 『데미안』에서 처음 접했지만, 그의 전 작품을 거의 다 읽어가는 동안에도 빠지지 않고 공통적으로 들어 있었다.

이건 어떻게 보면 앞장에서 이야기한 '신토피칼 독서법'과 일정 부분 교집합이 있는 독서법일 수도 있다. 하나의 주제와 연관된 작품을 읽는 신토피칼 독서법과의 차이라면 작가 페티시 독서법은 한 사람의 작가가 말하는 넓은 개념의 한 가지 주제를 찾아 떠나는 독서법이라고 하겠다. 물론 엄밀하게 따지면 한 사람의 작가라도 다른 작품에서 다른 주제를 이야기하고 있다. 하지만 그 다른 색깔 속에서도 한 작가가 가지는 어떤 공통점을 찾아내는 훈련이 바로 섬세한 생각의 돌기를 가지는 방법이라고 생각한다.

나중에 알게 된 건 『데미안』은 남녀노소를 불문하고 한국 사람들이 가장 좋아하는 책 중 하나라고 한다. 그리고 보면 일찌감치 『데미안』에 필이 확실하게 꽂혔던 나도 뼛속까지 한국인인가 보다. 내 생각의 유전자 안에 한국인이라는 공통된 흐름이 흐르고 있다는 것을 다시 한 번 깨닫는 순간이었다.

한편, 내가 다른 출판사에 다니다가 독립해서 출판사를 운영하면서 마 교수 책을 꾸준히 출판하며 알게 된 것이 있다. 마 교수의 팬들 중 소수의 마니아층은 새 책이 나오면 그 책들을 꼭 사서 모은다는 것이다. 가끔 출판사에 마 교수의 신간이 언제 나오는지 묻는 전화가 올 때도 있으니 말이다. 내가 예전에 헤세 책이 나오기만 하면 달려가 사서 읽듯이 말이다. 이게 바로 '작가 페티시 독서법'이다.

이런 식으로 한 작가의 책을 계속해서 읽다 보면 자기 머릿속에 그 작가에 대한 생각 서랍이 잘 정리된다. 그리하여 그 작가의 새로운 작품을 대하더라도 이런 흐름으로 연결될 것이라고 예측하면 어김없이 그 길로 흘러가는 맥을 알아차릴 수 있다. 이처럼 자기의 추측이 맞아떨어지는 것이 독서력의 향상이다. 최소한 그 특정 작가라는 와인의 종류에 대해선 확실히 맛을 감별할 수 있는 경지까지 다다른 셈이다.


## 필이 꽂히는 작가부터 시작하라

━━

나는 뭐든지 '흐름'이 중요하다고 본다. 어떤 한 분야에서 맥을 잡을 수 있는 사람만이 진정한 전문가가 될 수 있다. 단편적인

지식은 별로 도움이 못 된다. 얕은 정보나 단편적 지식은 요즘 세상에선 인터넷만 뒤지면 다 해결될 수 있다. 하지만 그렇게 널리고 널린 정보들 속에서 맥을 잡아서 정리를 할 수 있는 능력, 그건 소수만이 잘할 수 있는 영역이다. 앞으로는 그런 정보의 재배열, 흐름을 잡는 능력이 중요시되는 시대가 올 것이다. 아니, 벌써 우리 앞에 떡하니 와 있다.

그 능력을 얻기 위해선 독서의 힘을 기르는 게 가장 빠르다. 맥을 잡는 독서를 통해 우리는 기대 이상으로 더 많은 이익을 취할 수 있다. 책을 많이 읽은 사람은 말도 논리적으로 조리 있게 잘한다. 어떤 주제에 대해 말할 기회가 있을 때 제대로 된 독서를 했다면 걱정할 필요가 없다. 생각 서랍이 많이 만들어져 있기에 그 서랍을 열어 꺼내기만 하면 되기 때문이다.

어떤 작가에게 필이 꽂혔다면 작가 페티시 독서법으로 먼저 책과 친해져라. 그런데 이때 기왕이면 좀 어려운 내용을 말하는 작가에게 꽂히도록 하면 좋겠다. 쉬운 책만 너무 읽으면 남는 게 없다. 맥을 잡을 게 없다. 흐름을 따라잡을 만한 내용도 없는 책을 줄곧 읽다 보면 생각의 서랍 속이 곤궁해지기 때문이다.

곱씹을 수 있는 내용, 여운이 남는 이야기, 그런 책이 우리의 생각 근육에 도움이 되지 않을까. 또한 뭔가 새롭게 아는 이야기, 하나라도 뭔가 신선한 충격을 주는 이야기가 있어야 독서를 한 흔적이 남지 않을까.

『데미안』을 읽고 헤르만 헤세에게 그렇게 필이 꽂혔던 것은 내가 전혀 생각하지 못했던 이야기들이 많이 있었기 때문이다. 14살의 중학교 1학년이 그 책의 전부를 이해할 수 있을 만큼 쉬운 내용은 아니었지만, 그래도 난 『데미안』에서 새로운 생각의 단서들을 발견했고 그 뒤를 쫓을 만한 충분한 가치가 있다고 판단했다.

그 뒤부터 헤세의 뒤를 쫓다 보니 결국 니체를 만나게 되었고, 철학을 전공하게끔 되었다. 결과적으로 책 한 권이 내 인생의 진로를 결정한 셈이다. 이처럼 독서는 인생을 바꿔 놓을 수 있다. 어떤 한 권의 책 때문에 자신의 인생이 바뀌었다는 사람들을 더러 만난 적이 있다. 그런 이야기를 들을 때마다 책을 만드는 사람으로서 깊은 책임감을 느끼곤 한다. 책은 그래서 다른 상품과 달리 인생과 관련이 있는 하나의 세계다. 내가 책을 만들 때 단지 상품으로 여기는 것이 아니라, 하나의 세계를 창조하고 있다고 생각하는 까닭이기도 하다.

내가 현실을 도외시하는 이상주의자일 수도 있으나 플라톤이 말하는 그 본질적 의미에 가까이 다가가는 '책의 이데아'를 찾아 헤매고 있는지도 모르겠다. 니체주의자인 것 같으나 난 현상보다는 본질에 매달리는 플라톤 숭배자일지도 모른다. 아마 그건 내가 다음 장에서 이야기할 '무게 중심 독서법'을 따랐기 때문일 것이다.

# 무게 중심 독서법

*"독서는 다만 지식의 재료를 공급할 뿐이며,
그것을 자기 것이 되게 하는 것은 사색의 힘이다."*

- 로크

인간은 누구에게나 양면성이 있다. 그리고 이 세상에는 정답이 없는 일들이 많다. '이것이냐, 저것이냐' 이건 햄릿의 대사뿐만이 아니라 이 세상을 살아가는 우리 모두에게 때로는 당혹스럽게 다가오는 질문일 테다.

독서도 그래서 고수가 되기 전까지는 무게 중심을 잡는 법이 필요하다. 이때 무게 중심이라는 것은 그 책이 내포하고 있는 사상의 색깔이 한쪽으로 쏠린 책만 보면 안 된다는 뜻이다. 무게 중심을 잡는 독서가 세상을 있는 그대로 볼 수 있는 안경을 우리에게 선물해 주는 셈이다.

예를 들어 기독교적인 사상이 있는 책만 냅다 읽어대면 그 사람은 아무리 많은 책을 읽는다 하더라도 이 세상의 일부밖에 보질 못하게 된다. 비약을 해서 은유적으로 말하자면 "이슬람교의 책도 읽어라"고 말하고 싶다.

요즘 이슬람 쪽 IS 문제로 세상이 시끄럽지만 그렇게 한쪽으로만 치우쳐 맹목적으로 그 세계로 달려간 청춘은 충분한 독서가 부족했기 때문이라고 본다. 만일 균형 잡힌 독서만 부지런히 했어도 그런 성급하고 위험한 판단을 내려 온 대한민국 사람과 부모님을 걱정시키지 않아도 될 터인데 말이다. 물론 자기 인생이 위험의 극단까지 내몰리는 건 말할 것도 없고.

어쨌든 그런 극단적인 잘못된 선택이 아니라고 하더라도 우리 인생에는 시시때때로 선택의 순간이 많다. 그리고 정답을 요구받아야 할 때도 많다.

그때 현명한 판단 또는 후회하지 않을 정답을 내놓을 수 있으려면 무게 중심이 잡힌 독서를 하라고 간곡히 말하고 싶다. 나는 사람의 인생에서 감성이 중요하다고 주장하는 흐름의 책들도 많이 읽었지만, 이성이 인간의 인생에서 감성보다 더 중요하다고 말하는 책들도 많이 읽었다. 그 두 갈래의 책들을 읽고 나서 내 인생에서 '어떻게 살 것인가' 하는 질문에 대한 해답을 얻을 수 있었다.

## 이쪽일까, 저쪽일까

　　프루스트의 '가지 못한 길'이라는 시처럼 인생에서 가지 못한 길은 후회와 미련이 남기 마련이다. 독서도 마찬가지다. 하지만 독서는 인생과 달리 두 갈래의 길을 모두 가볼 수 있다. 자신의 인생을 어떤 흐름으로 건설해갈 것인가 하는 질문에 대한 해답은, 이 두 갈래의 길을 모두 다 가본 후에야 내리는 게 더 현명하다. 후회가 적은 인생을 살 수 있는 지름길이다.

　　나는 고등학교 때부터 세계 고전들을 더 열심히 읽기 시작했다. 그 이유는 이웃집에 세계 고전집이 높은 책장에 먼지가 가득 쌓인 채 꽂혀 있는 걸 발견했기 때문이다. 그때부터 고전을 더 정식으로 열심히 읽기 시작했다. 그 전집은 정말 내게는 귀중한 샘물이 되었다. 글자가 쌀알보다 더 작고 한자투성이에 세로로 인쇄되어 있는 책들이었다. 요즘 같으면 노안이라 잘 보이지도 않을 테지만, 그때는 6백 페이지나 혹은 무려 8백 페이지에 달하는 그 상세한 내용의 고전들이 정말 고마웠다.

　　이때 『죄와 벌』, 『폭풍의 언덕』, 『누구를 위하여 종은 울리나』, 『신곡』, 등을 제대로 파고들 수 있었다. 그동안 학교 도서관에서 문고판으로만 읽었던 고전들과는 또 다른 깊고 깊은 울림이 있었다. 물론 이야기의 큰 줄거리는 같았지만 그 섬세한 작가의 숨결은 가끔 숨이 멎을 만큼 가까이 다가왔다. 이 무렵 내 생각의 틀이 확실하게 잡혀나가기 시작한 것 같다.

예를 들어 『죄와 벌』 같은 경우에는 기독교적인 사상의 흐름으로 구원을 통해 인간의 선한 의지를 강조하는 내용이었다. 그런데 헤세나 니체는 그 틀에서 벗어나라고 외치고 있었다. 틀에 갇혀 살지 말라는 것이다. 세상이 정해 놓은 그 틀은 사람이 만든 것으로 절대적인 것이 아니라고. 지금 이 순간 우리가 절대적이라고 믿는 종교 또한 속고 있는 것일 수도 있다는 것. 더 나아가 E. H. 카의 『역사란 무엇인가』는 역사라는 불변의 사실조차 승리자가 편집한 결과일 뿐이라는 것을 이야기하고 있었다. 이 책에서 내 독서의 한 쪽 갈래는 정점을 찍었던 것 같다.

나는 두 갈래의 길에서 무엇이 옳은지, 혹은 무엇이 나 자신의 내부의 목소리가 원하는 건지, 내게 더 맞는 것인지 묻고 또 물었다. 헤르만 헤세가 처음에 가르쳐준 대로 나는 나의 자아가 원하는 것이 무엇인지 그 내면의 목소리에 귀를 기울였다. 그리고는 두 갈래의 길에서 이 세상에 있는 틀이라는 것, 규범이라는 것, 그것이 결국 불변의 사실은 아니며 인간에 의해 만들어진 변할 수 있는 것이라는 것을 알았다.

이 세상의 진실은 무엇일까. 난 그 이후부터 독서를 한 갈래의 길로만 주로 이어갔다. 그게 대학교에 들어가서부터일 것이다. 이젠 생각의 틀이 형성된 이후부터는 다른 갈래의 내용이 들어오면 거부 반응을 일으켰다. 한두 페이지만 읽어봐도 이 작가의 성향이, 그리고 흐름이 무얼 주장하고 있는지 알 수 있었다. 이쪽인지, 저쪽인지.

## 우리의 삶은 한 장뿐인 영화 필름이다

아무리 미사여구를 늘어놓고, 새로운 소재로 꾸며 놓아도 결국 그 작가가 이야기하고자 하는 건 이쪽, 아니면 저쪽이었다. 내가 편의상 구분해 놓은 공자 식(式) 아니면 장자 식(式)이었다. 혹은 플라톤 아니면 니체 식이었다.

나는 장자나 니체를 따라갔다. 그쪽을 읽어야 속이 시원해지는 걸 느꼈다. 그 반대의 갈래를 꾹 참고 한두 페이지 이상을 읽어나가다 보면 "뻥 치시네!"라거나 "또 구라를 치고 있군!"라는 혼잣말이 절로 나왔다.

세상은 아름답지 않다. 그런데 자꾸 그런 쪽의 책에서는 이 세상이 아름답다느니, 또는 저 너머에 뭔가가 있다느니 하며 현실을 속이려고 한다. 아마 내가 마광수 교수의 책을 지속적으로 출판했던 것도 마 교수의 사상이 이쪽에 속하기 때문일 것이다. 마 교수가 주장하는 것 역시 '다 까발리자'는 것이다. 세상이 속이고 있는 거짓의 가면을 벗기고 날것의 세상을 인식하자는 주의이다. 그 흐름은 크게 보면 내가 생각하고 있는 사상의 갈래와 맥을 같이하기 때문이었다. 우리나라의 지식인 중에 이렇게 노골적으로 진실을 외쳐대는 작가가 드물어 계속 마 교수 책을 출판했던 것이다.

하여튼 자기의 기질에 맞는 한 갈래의 책에 집중하는 독서를 하기 전에는 무게 중심의 독서법이 필요하다. 확신이 들 때까지 책을 충분히 다양하게 읽어라. 그 선택에 대한 책임은 물론 자기가 져야 한다. 자기 인생의 배를 어느 방향으로 틀 것인가에 대한 최종 책임도 자신의 몫이다. 그러므로 이쪽, 저쪽 충분한 독서를 하고 나서 한 방향의 독서에 빠지는 건 상관이 없다.

이 세상에 태어난 이상, 후회 없는 삶을 살려면 자기 스스로만이라도 흡족한 선택을 해야 한다. 흔한 비유처럼 우리의 삶은 한 장뿐인 영화 필름이다. 두 번 다시 살 수 없는 인생이다. 이 인생을 어떻게 살아가야 하는가에 대한 청사진은 충분한 독서를 한 후 선택하는 것이 현명하다.

나는 아주 가끔씩 세상은 정말 눈에 보이는 게 다인 것 같다는 생각을 한다. 어쩌면 '저 너머' 같은 건 없을지도 모른다는 생각에까지 빠질 때가 있다. 설사 있다 하더라도 일단 우리 삶에 아무런 영향을 끼치지 않으니까 없는 것과 마찬가지가 아닐까. 이렇게 생각이 벽에 부딪힐 때가 있다.

'아프니까 청춘이다' 같은 말도 그래서 우스갯소리로 재해석되어 인터넷에 돌고 있는지도 모르겠다. 아프면 그냥 아픈 것이고, 티끌 모으면 태산이 아니라 티끌은 언제나 모아 봐도 티끌이라는 것이다. 이처럼 절망 앞에서 인생을 그냥 쿨하게 인정하는 편이 더 속이 편할지도 모른다.

니체는 초인 사상에서 그러한 모든 절망적인 상황을 극복하라고 말하려 했는지도……. 내가 니체 사상에서 이해하고 받아들인 것은 인간이 이 세상의 부조리한 상황에 놓인 실존적인 운명이라고 하더라도 그냥 '쿨 하게' 받아들이면 오히려 인생이 살만한 것이 될 수도 있다는 삶의 지혜다. 형벌로서 돌을 저 높이 끌어올렸다가 또 바닥으로 굴러 떨어뜨리고 다시 올리고 그걸 반복하는 시시포스(Sisy-phos)의 이야기가 있다. 이 시시포스의 신화가 은유와 상징으로 인간의 운명을 잘 표현해놓은 것처럼 그냥 우리 대다수의 인생이 척박하다는 걸 인정하는 게 삶을 더 잘 살아내는 원동력일 수 있다.

그렇게 쿨 하게 인정하는 힘은 어디서 얻을 수 있냐고? 정답은 바로 예측했다시피 독서이다. 독서에서 자기를 있는 그대로 받아들일 수 있는 생각의 토대를 얻을 수 있다. 남보다 특별나게 잘난 것이 없는, 아니 오히려 평균보다 더 못난 '찌질이', 소위 '루저'로 태어났다고 하더라도 그냥 '쿨 하게' 인정하는 것이 오히려 '찌질이'에서 벗어나는 길이라는 이 아이러니가 바로 인생의 해답이다.

한쪽에만 실리는 독서가 아니라 무게 중심이 얼추 맞아떨어지는 독서를 이제 시작해 보라. 세상의 단면만이 아니라 전체를 알 수 있는 독서를 통해 자신의 존재가 어디쯤 놓였는가를 확인해 보자. 자기 내면의 목소리를 듣는 능력이야말로 자기를 있는 그대로 받아들이는 통로가 된다. 그리고 무게 중심법의 독서를 해보면 아무리 뛰어난 학설이나 사람이라도 반대쪽 관점에서 보면 가짜 삶을 살고 있고 패배자인 셈이다. 그래서 자기가 패배자로 살아간다고 해도 그리 억울할 것도 없다. 세상을 하나의 통으로 전체적인 관점에서 본다면 모두가 승리자이기도 하고 한편으로는 패배자이기도 하니까.

# 독서 고수의 레시피

"가장 도움이 되는 책이란 많이 생각하게 하는 책이다."
- 파커

대학교 때였을 것이다. 플라톤의 『국가론』인가를 읽었을 때, 아마 이 책에서 보았던 것 같다. 워낙 오래 되어서 기억이 가물거린다. 어쨌든 플라톤의 저서에서 그가 한 말이 아직도 인상적이다. 도서관에 있는 문학과 시집을 다 불태워버려야 한다고 말했던 구절은 평생 내 뇌리를 떠나지 않는다. 시시때때로 생각이 난다. 그때는 이 사람이 왜 이러나 했는데, 이제 와서 생각하면 일면 그 말도 맞는 것 같다.

플라톤의 주장에 따르면, 사람의 이성을 마비시키는 달콤한 이야기들만 해대는 시나 소설 등 문학은 아무 짝에도 쓸모가 없다는 것이다. 오히려 힘든 사람들에게 현실을 도피하게끔 만들 뿐이라고

한다. 또 사랑 타령 하는 책들도 마찬가지란다. 사실 청소년 때 읽었던 『젊은 베르테르의 슬픔』이나 단테의 『신곡』 같은 책에서 나오는 베트테르의 여인 로테나, 단테의 여인 베아트리체에 대한 사랑은 너무 감상적일 뿐이다. 플라톤의 말처럼 인생의 진실을 이야기하는 것보다는 사기를 치고 있는지도 모른다.

만일 베르테르나 단테가 그 여인들과 결혼해서 살았더라면, 만일 그 여인네들이 정말 자기 자신만 아는 최악의 이기주의자이고 의리도 없고, 자기 자신을 위해서는 거짓말도 쉽사리 하는 인간이라면, 베르테르나 단테의 사랑은 사기이다. 아니, 어리석음이다.

우리나라 고대소설 중에도 김만중이 저자인 『구운몽』의 주인공 성진도 8선녀에 대한 열정에 빠져 도 닦는 일을 팽개친다. 그러나 결국 살아보니까 지긋지긋한 삶이 기다리고 있더라, 그런데 알고 봤더니 모두 꿈이었더라…… 뭐 이런 내용 아닌가. 『구운몽』이 인생의 결말까지 보여주니 차라리 더 진실을 말해주는 훌륭한 소설인 것 같다.

## 플라톤의 말이 옳을 수도 있다

—

        청소년 시절 이런 감성적인 문학책들을 많이 접하다 보면 쓸데없는 열정에 인생을 낭비하게 된다. 본성이 어떨지 모를 인간에게 열정을 쏟는 일만큼 어리석은 짓은 없다. 아니, 그 열정을 쏟을 대상인 인간은 바로 자기 자신이어야 한다. 살아 보니 인간이란 족속들은 의외로 너무 이기적이고, 너무 거짓말을 잘하는 영혼들이 많다.

그러나 청소년 시절에 읽은 책들 주인공들은 거의 다 순수한 영혼들이고 아름다운 영혼들이다. 베르테르나 로체나, 단테나 베아트리체나 혹독하게 이기적이고, 거짓말쟁이라는 이야기는 전혀 나오지 않는다. 그러나 현실 속에서 만나는 인간들은 다르다.

그래서 플라톤이 말한 그 이야기는 어쩌면 옳을 수도 있다는 생각이 든다. 이만큼 살아보니, 우리에게 필요한 건 우리 삶을 성찰할 수 있는 철학책이요, 사상책이요, 그리고 이 세상의 삶과 인간의 진실을 까발려주는 소설이나 시일 뿐이다. 그런 책만을 만들면서 살고 싶다. 그래서 세상에 조금이라도 더 '진실'을 퍼뜨릴 수 있도록······.

이 세상은 너무 많은 거짓으로 가득 차 있다. 우리는 거짓에 대해 너무 관대하다 못해 무디다. 사실 인생에 대해서도 너무 달콤한 말들로 가득 찬 책들은 심하게 말하면 다 거짓말을 퍼뜨리는 바이러스일 수도 있다. 그런 달콤한 책들은 사람들에게 잠시 동안의 위안은 줄지언정, 현실 속으로 돌아왔을 때 더 절망하게 한다. 오히려 현실 앞에서 더 당당하게 설 수 있는 진실을 알려주는 책이 필요하다. 사람들은 사상과 철학적인 책에 좀 더 몰두해야 한다. 현상 너머 본질을 보는 혜안과 안목을 길러야 하는데 눈앞의 것들만 보고 열광하는 손쉬운 습성에 빠져든다.

현상 너머 본질을 보는 건 어렵지만 눈앞의 현상만 보는 건 너무 쉽다. 남들이 혹은 권력이 보여주는 것만 보면 되는 것이니까. 남이 보여주는 현상이 아니라 그 너머의 진실을 보기 위해서는 스스로 생각하고, 판단하고 사고하는 능력을 길러야 한다. 그건 하루, 이틀 걸려 이뤄지는 것이 아니다.

어릴 때부터 아이돌 같은 현상적인 것에만 몰두하는 청소년들에게 그게 과연 습득될 수 있을까. 그런데 우리나라는 왜 젊은 사람들 생각만 진보적이고 개념이 있다고 결론 짓는 이상한 잣대가 생겨버린 걸까. 세상을 많이 살다 보면 인생에 대한 안목이 더 생긴다. 하긴, 아무리 많이 살아도 생각하지 않고 산다면, 그것도 잘못 생각하고 산다면 개념 없는 노인네가 되고 말겠지.

어쨌든 이 세상을 개념 있게 바꾸기 위해선 개념 있는 책을 많이 만들어야 한다는 것이 평소 출판에 대한 내 신념이라면 신념이다. 인생에 대한 사탕발림 소리만 잔뜩 든 불량식품 같은 책이 아니라, 쓰디쓴 내용이라도 진짜 삶에 대해 까발려주는 그런 진실한 책을 만들어야 한다.

그러나 사람들은 입에 쓴 약은 싫어하고 달콤한 것들은 일단 좋아한다. 순간적으로 위안을 받을 수 있다면 그리로 달려드는 것이다. 하지만 언제나 거짓을 물리치고 진실과 진리에 다가서려는 자세로 살아야 한다. 단 한 사람이라도 더 그렇게 만들기 위해서 인생에 대한 진실을 말해주는 책을 계속해서 만들려고 한다. 이 세상에 단 한 사람이라도 더 진실을 볼 수 있고, 이 세상이 조금이라도 더 진실에 근접할 수 있도록 말이다.


## '생각의 틀'을 두드리고 흔들어야 한다

한편으론 플라톤이 인간을 네 가지 부류로 나눈 것도 일면 맞는 것 같다. 그 당시 서양철학 수업 시간에 배우기로는, 플라톤이 위대한 철학자였지만, 시대적 한계 때문에 이러한 신분제를 주장했다고 했다. 그때에는 그럴 수도 있겠다, 플라톤같이 위대한 사상가도 사고의 한계가 있네, 안타깝다, 하고 넘어갔는데 살아보니까 플라톤이 옳은 것 같다.

은유적으로 볼 때 플라톤이 나누었던 그 계급은 인간에 대한 기질 문제 같다. 모든 인간들은 각기 기질이 있다. 어떤 사람은 정말 죽어도 공부하기 싫은 사람도 있고, 어떤 사람은 예술에 재능이 있는 사람도 있고, 장사에 재능이 있는 사람도 있고, 농사에 재능이 있는 사람도 있다. 그런 기질은 무시하고 모두가 같은 잣대로 평가받고, 같은 목표로 향하는 세상은 문제가 있는 것 같다. 그렇게 될 때 모두가 행복하지 못하다, 자기 기질대로 못 사니까.

그러니 플라톤이 역시 현명했던 것 같다. 단지 플라톤은 시대적 한계 때문에 불평등한 계급으로 그 사상을 주장했지만, 그가 나눠 놓은 기준은 나쁘지 않은 것 같다. 인간은 자기의 기질대로 살아야 한다. 그리고 또 한편으론 민주주의도 옳은 답은 아닌 것 같다. 최근 뉴스에 보면 쓰레기 같은 인간들이 많이 방송되었다. 어린 애를 납치해 죽이고 등등. 그런데 민주주의는 그런 쓰레기 같은 인간들의 '한 표'도 똑같이 취급하고 있는 것이다. 아마 잡히지 않았더라면 그런 인간들도 또 '한 표'를 행사했을 것이다. 이게 말이 되느냐는 것이다.

그러니 민주주의도 문제이고, 또 따로 자본주의도 문제이다 등의 이런 시각을 가질 수도 있다. 그런데 이런 시각을 통해 세상을 뒤 엎자는 것이 아니라 고정관념에 '충격 요법'을 주자는 것이다. 세상이 만들어놓은 우리의 '생각 틀'에 자극을 주기 위해 두드리고 흔드는 것이다. 그래야 생각이 한쪽으로만 고착되지 않고 더 살기 좋은 세상을 만들 수 있는 창의적 생각이 솟아오를 수 있으니까 말이다. 알고 보면 수정 자본주의도 자본주의라는 고정관념의 틀에 자극을 주고 흔들어서 나온 개념이 아닌가.

우리는 우리를 둘러싸고 있는 절대적인 권위의 '틀' 안에서 한 번도 다른 걸 꿈꿀 수 없다고 배웠다. 물론 지켜야 할 가치와 금기들도 있을 수 있다. 그런데 문제를 제기해보는 것 정도는 허용해야 하지 않을까. 창의적 생각을 위한 자극을 위해서라도 이러한 금기들의 틀을 깨뜨리고 다시 생각해볼 수 있게 시도하는 책을 내는 일은 중요하다.

적어도 기존의 틀을 깨뜨리는 도발적인 생각의 메커니즘을 발동시킬 수 있는 책을 출판하는 건 반드시 필요하다. 그리고 그런 책을 많이 읽고 고정관념에 대한 코페르니쿠스적 전환을 해야 앞으로 나아갈 수 있다고 본다. 인류의 역사는 다양한 방면에서 금기를 깨뜨리는 문제 제기와 비판 의식이 있었기 때문에 진보할 수 있었다.

사람들이 절대 '금기'라고 생각하는 그런 문제에 대해서도 한 번씩 다시 사고하게끔 할 수 있는 문제 제기, 그걸 바로 문학이 미학적으로 승화시켜야 하지 않을까. 인생에 대한 달콤한 거짓말로 어리석은 사람들을 현혹시키는 그런 문학이 아니라, 모두가 '그렇다'라고 생각하는 것들에 대해 한번쯤 '아닐 수도 있다'라고 말하는 그런 책을 지속적으로 출판하는 것이 바로 '책읽는귀족의 책'이 지향해야 할 목표이고, 지상과제라고 생각한다. 그 생각과 목표를 이참에 밝혀두기로 한다.

어떻게 독서할 것인가
독서도 흐름을 알면 쉬워진다!

3 · 북소믈리에가 책을 대하는 방법

*Book Sommelier*

# 북소믈리에의 긍정 독서법

살다 보면 인생에서 여러 가지 큰 어려움과 맞부딪히는 일이 많다. 그럴 때 우리는 어떻게 자신의 마음을 다스릴 수 있을까. 그냥 세상을 원망하고 타인을 저주하며 그 자리에 주저앉아버려야 할까. 아니다. 책이 구원을 해줄 수 있다. 깊고 그윽한 와인 한 잔으로 지친 육체가 위로받듯이 독서는 쓰라린 우리의 영혼을 위로해준다.

다음의 '길동무 이야기'에 나오는 경우처럼 당신이 만일 이야기 속 주인공과 비슷한 처지에 빠졌다면 어떻게 그 절망감을 이겨낼 수 있을까. 좌절을 긍정으로 바꾸는 마인드는 어떻게 얻을 수 있을까. 그 방법을 찾기 위해 어떤 여행자의 이야기를 해볼까 한다.

어떤 한 여행자가 길을 가고 있었다. 어느 숲속에 이르렀을 때 동굴에 갇힌 한 사람을 발견했다. 그 사람은 여행자에게 살려달라고 애원했다. 여행자는 동굴에 갇힌 사람이 그 동굴을 빠져나오도록 자기가 가던 길을 멈추고 도와주었다. 오랫동안 어둠 속에 갇혀 있었던 그 사람은 우울증과 무기력증에 빠져 있었다.

두 사람은 같이 길을 떠나기로 약속했다. 한 사람은 그동안 너무 동굴 속에만 갇혀 있었기 때문에 혼자 길을 떠날 자신도 없었다. 여행자도 같이 떠날 길동무가 있으면 더 좋을 것 같았다. 둘은 함께 길을 떠났다. 오랫동안 동굴에 갇혀 있던 길동무를 위해서 여행자는 자기 배낭 속에 있던 먹을 것들을 나눠 먹었다. 그리고 그동안 누리지 못했던 길동무를 위해서 무리해서까지 이것저것 다양한 것들을 먹여주기 위해 갖은 애를 다 썼다. 물론 자기도 그 과정에서 길동무와 즐거운 여행이 되기를 기대했다.

그러나 여행자는 자신이 원래 가고자 했던 길을 변경해 길동무를 위해서 여행 경로를 수정해야만 했다. 보다 쉽고 안전한 길을 택해서 그동안 동굴에 갇혀 있었던 길동무의 몸과 마음에 쌓인 피로를 풀어주기 위해 배려했다. 덕분에 길동무는 자신감을 찾았고, 다시 삶에 대한 의지와 용기를 가지게 되었다. 물론 두 사람은 길을 가면서 의견 충돌과 다툼도 있었지만, 목적지까지 함께 가기로 굳게 약속했다.

## 길동무 이야기, 그리고 삶의 은유

—

한참동안 길을 함께 갔던 두 사람은 길을 잃었다. 길을 안내하던 여행자가 길을 잘못 든 것이다. 비도 오고, 알고 있던 길의 환경이 바뀌었기 때문이다. 동굴에 갇혀만 있던 한 사람은 길 안내를 잘못 했다고 다른 한 사람을 계속 비난했다. 길을 잃고 헤매고 있었지만 열심히 갈 길을 찾으며 노력했던 여행자는 그 비난에 시달리면서도 꼭 다시 길을 찾을 수 있다는 확신이 있었다. 그리고 목적지까지 잘 도착할 수 있으리라는 자신감도 있었다.

하지만 결국 자기 배낭의 식량이 다 떨어지자 길동무의 배낭 속 음식도 함께 나눠먹기 시작했다. 혼자 길을 떠났더라면 아직도 남았을 식량이 두 사람이 같이 가면서, 그리고 길을 잃고 헤매면서, 예상보다 빨리 동이 난 것이다. 그래서 길동무의 배낭 속에 있던 식량을 나눠 먹으면서 길을 재촉했다. 하지만 결국 길동무의 배낭 속 식량도 바닥이 나기 시작했고, 비상식량만 겨우 남았다. 길동무는 자기 혼자 떠나겠다고 했다. 남아 있는 여행자는 안전한 길을 찾을 때까지 조금만 더 기다려달라고 했다.

그러면서 겨우 겨우 길을 가던 두 사람은 드디어 절벽을 만났다. 길동무는 절벽 끝에 서 있던 여행자를 버리고, 근처를 지나가던 사람들에게 도움을 청했다. 한 사람만 데리고 갈 수 있다는 그 사람들의 말에 길동무는 또 다른 사람이 자기 배낭 속 음식을 다 강제로 갖고 가 버린 파렴치한이라고 비난했다. 그러면서 혼자 그 사람들을 따라 떠났다. 자기를 동굴에서 빠져나오게 도와주었던 여행자를 절벽 끝에 혼자만 남겨두고, 언제까지나 옆자리를 지키겠다는 약속도 짓밟은 채 남은 비상식량을 갖고 혼자 떠났다.

"어떻게 그럴 수 있느냐?"는 여행자의 마지막 외침에 길동무는 자기 자신만이라도 살아야겠다고 떠났다. 그리고 "너는 길을 잘못 안내한 대가를 받아야 한다, 모두 다 네 잘못이다, 널 믿고 길을 따라나선 내가 미쳤다"면서 혼자 사람들을 따라 떠났다.

절벽 끝에 남겨진 여행자는 길동무와 함께 묶고 있던 끈이 풀어짐으로써 절벽 끝으로 떨어지고 말았다. 떠나는 길동무의 이름을 하염없이 불러보았지만, 길동무는 그 마지막 부름의 소리마저 주변 사람들에게 자기를 모욕하기 위해 외치는 소리라고 비난했다.

절벽에 떨어진 여행자는 그냥 모든 것을 포기하고 죽어버릴까도 생각했다. 정말 보통 사람 같았으면 그 상황에서 모든 것을 포기해 버리고 싶었을 것이다. 자신이 가던 길을 멈추고 구해주었던 길동무에게서 큰 배신감을 느꼈다. 어려운 상황이 닥치자 혼자만 살려고 자기를 절벽 끝으로 밀어버리고 가버린 상황에서 모든 인간과 세상에 대한 절망감에 빠졌던 것이다.

물론 자신이 잘못 안내해서 길을 잃어 고생한 잘못은 있었다. 하지만 아직 여행은 끝나지 않았다. 두 사람이 예정한 여행길은 아직 많이 남아있었던 것이다. 그동안 길을 다시 찾아 만회할 자신이 있었고, 그 긴 여정을 미리 고려해 모든 계획을 세워서 가던 중이었다. 그런 장기전을 생각하고 자신의 배낭을 먼저 비워가면서 동굴 속에 갇혀 있었던 길동무가 몸과 마음을 우선 추스르는데 온힘을 쏟았던 것이다. 그런데 길동무는 기력을 회복하자마자 그 용기를 배신하는 데 사용했다. 동굴에 갇혀 있을 때에는 한 발을 내딛을 힘조차 없었던 길동무는 여행자가 기껏 회복시켜 놓은 자신의 에너지를 자기를 도와준 여행자를 밟고 넘어가는 데 썼다.

좋을 때는 언제나 옆에 있겠다고 약속했지만, 어려움에 처하자 두 사람이 함께했던 약속을 엎어버리고 혼자만 살겠다고 떠난 그 사람 때문에 여행자는 공황 상태에 빠졌다. 절벽에 떨어진 여행자는 자신이 옳다는 걸 증명하고 싶었다. 조금만 더 참고 가면 길을 다시 발견할 수 있을 거란 자기 예상이 맞는 걸 보여주고 싶었다. 그래서 순간, 순간을 죽음의 위기와 맞서면서 절벽 위로 올라가기 시작했다. 아무런 장비와 식량도 남기지 않고 떠나버린 길동무 때문에, 그리고 갑자기 끈을 놓아버렸기에 전혀 준비도 못한 상태에서 남은 사람은 죽을힘을 다해 절벽을 오르기 시작했다.

그러나 무모한 노력일까. 한 발자국을 디딜 때마다 맨손으로 올라서는 절벽은 두 발자국 뒤로 밀려나기 일쑤였다. 절벽 아래에는 길이 없었다. 길을 잃고 헤맬 때에는 길만 찾으면 다 되는 것이었다. 하지만 길동무가 아무런 준비 없이 갑자기 끈을 끊어버렸기 때문에 절벽 위로 올라서는 데에만 많은 세월이 흐르고 있었다.

드디어 여행자는 절벽 위로 올라왔다. 길동무는 이미 다른 사람들을 따라 길을 다시 떠난 후였다. 혼자 남은 여행자는 자신이 원래 가고자 했던 길을 다시 찾기 시작했고, 자기 짐작대로 잃었던 길을 어렴풋이 다시 발견하기 시작했다. 하지만 남은 식량이 전혀 없었기 때문에 매일매일 식량을 구해가면서 떠나는 길은 훨씬 시간이 많이 걸렸다.

위급한 순간에 자신을 절벽으로 밀어버리고 떠난 그 길동무를 생각하면 울화와 배신감이 들끓어 올랐지만, 남은 사람은 자신의 마음을 다스리기 위해 많은 애를 썼다. 사람에 대한 분노로 전신이 녹아 흘러버릴 것 같은 괴로움에 떨었지만, 자신이 가던 길을 멈추고 그 길동무를 구해주었던 자기 잘못이 크다는 결론에 이르렀다.

"그래, '아무나' 구해주는 건 아니었어, 남의 인생에 관여하는 게 아니었어!"

이렇게 자신의 잘못을 뉘우치면서 여행자는 이제부터라도 스스로 가는 길에 최선을 다하자는 결론을 내렸다. 그리고 분노를 삭이고, 울화병에서 헤어 나오기 시작했다.

## '삶이 그대를 속일지라도' 책을 읽자

물론 세상은 시시비비(是是非非)가 다 가려지고, 진실이 사실 위로 드러나지 않는 경우도 많다. 길을 잘못 안내했다는 이유로, 모든 잘못과 비난은 여행자에게로 떨어지는 사실 관계 속에서 진실은 전혀 알려지지 않았다. 길동무와 함께 길을 떠난 그 사람들은 그간의 상황과 과정은 모르면서 절벽 밑으로 떨어진 여행자를 길동무의 말만 믿고 비난했다. 그리고는 길동무를 데리고 떠나버렸다. 길동무는 자신에게 유리한 말들만 하였고, 심지어 거짓말도 서슴지 않았다. 자기가 길을 잘못 들게 옆에서 계속 잘못된 정보를 주었다는 불리한 이야기는 전혀 하지 않았다.

진실은 그렇게 묻혀서 갔다. 그 사이 절벽에 떨어졌던 여행자는 이제 절벽 위로 겨우 올라왔다. 다시 길 위에 섰다. 길의 방향은 잡았지만, 여전히 갈 길은 멀다. 하지만 여행자는 절벽 위까지 올라온 것만으로도 감사했다. 또한 더 이상 인간을 믿지 말자고 다짐했다. 물론 세상에는 좋은 사람도 많고, 영혼이 순수한 사람도 있지만, 그렇지 않은 사람이 더 많다는 걸 잊지 말자는 말을 되새김질했다. 좋은 시절에는 웃음 띤 얼굴을 보이지만, 위급해지면 민낯을 드러내며 자기만 살겠다고 떠난 길동무처럼 본성이 악한 인간도 있다는 사실을 더 기억하기로 했다. 앞으로 사람을 절대 신뢰하지 말자고 다짐하고 또 다짐했다.

남은 사람은 떠난 길동무에게 물어보고 싶다, 마지막으로.

"배신하고 떠나서 살림살이 좀 나아지셨습니까!, 조금만 더 기다려달라는 애원도 무시하며 절벽에 밀어버리고 혼자 떠나서 살림살이 나아지셨습니까!"

이렇게 길을 가다 언제 죽을지도 모른다는 생각에 여행자는 마지막으로 늘 묻고 싶었던 그 말을 하늘에 대고 그렇게 소리쳤다. 함께 길을 가면서 쌓아올렸던 즐겁고 행복한 모든 순간들을 잠시 힘들다고 모두 진흙탕에 박아버리고 떠난 길동무는 과연 살림살이 나아졌는가. 자기 혼자만 살겠다고 믿음을 저버린 그 삶이 과연 행복해졌는가.

절벽의 끝이 아니라 좀 더 안전한 곳으로 갈 때까지 기다렸다가 다른 길을 떠났더라면 의리 없는 인간이나 배신자로 기억되지는 않을 것이다. 행복한 시간도 같이 보냈지만, 힘든 순간도 함께 보낸 진정한 길동무로서의 의리를 감사하며 고마워했을 것이다.

하지만 모든 추억들을 진흙탕에 처박아버리고, 남은 비상식량을 지키겠다고 떠난 그 극한의 이기심에 평생 한 사람은 인간에 대해 모멸감을 느낄 뿐이다. 아름답게 남을 뻔했던 시간의 기억들은 신기루처럼 사라졌다. 다른 모든 것은 용서를 할 수 있더라도 이제는 되돌릴 수 없는 그 시간에 대한 값어치는 어떻게 할까. 아름다운 시간의 탑마저 시궁창 속에 무너뜨린 그 어리석음은 만일 신이 있더라도 되돌릴 수는 없을 것이다. 의리 없이 혼자만 살겠다고 떠난 덕분으

로 부디 살림살이 나아졌기를.

여행자는 이런 말들을 중얼거리며 이제 그 모든 일들을 전생에 일어난 일이라고 생각하기로 했다. 그리고 자기 갈 길만을 열심히 가고 있다. 여행자가 이 절망을 이겨내는 데에는 예전에 읽었던 책들이 많은 도움을 주었다.

길동무 이야기는 이로써 끝이 아니다. 앞으로 여행자가 목적지까지 잘 도착해서 기대했던 꿀과 젖이 흐르는 땅을 만끽하며 행복하게 잘 먹고 잘 살았다는 결말이 나기까지 이 길동무 이야기는 아직 끝이 나지 않았다.

우리가 인생을 살다 보면 이 길동무 이야기처럼 믿었던 사람이나 오래된 친구나 세상으로부터 배신을 당할 수도 있다. 푸시킨의 유명한 시처럼 우리는 삶이 우리를 속일지라도 슬퍼하거나 노여워하지 말아야 한다. 그러려면 우선 우리가 속한 이 세상과 인간이라는 우리 자신의 본성을 잘 알아야 하겠지. 그건 누가 가르쳐 줄까? 학교? 선생님? 아니다. 책이다. 바로 책이 진실을 말해준다. 물론 책 중에서도 거짓을 말해주는 책도 있을 것이다. 그러므로 독서의 초기 단계에는 그런 책들을 분별해낼 수 있는 힘을 기르기 위해 다양한 책들을 읽어야 하는 것이다.

그러고 나서 인생의 바다를 항해하기 위해 필요한 책들, 그들을 준비해야 한다. 그렇지 않으면, 자기 안에 그런 책장을 만들어 놓지 않으면 힘든 시기에 '자살'이라는 극단적인 선택을 할 수도 있다. 하지만 '모든 것은 지나간다', 지나갈 뿐이다. 그 지나가는 순간들을 잘 견뎌내려면 인생의 동반자, 책을 놓지 말아야 한다. 그 책은 여행자처럼 절망에 빠진 사람들에게 세상을 보는 긍정적인 시선을 선물해줄 것이다.

# 북소믈리에의 독설 독서법

아주 오래 전에, 그러니까 돌이켜 보니 약 이십 년 전쯤이었나. 미셸 푸코에 관심이 생겨서 그의 저서들을 또 사서 모아 읽었던 적이 있었다. 그 당시 현대 철학에 관심이 생기다가 생활 전선에 쫓겨 시작만 하고 말았던 시절이었다. 그래서 미셸 푸코를 좀 더 깊이 파고 들어가고 싶었지만, 어쨌든 상황에 의해 그만두고, 그때 사 모았던 책들도 지금 어디에 있는지 알 수 없다. 아마 고향집에 있을 것이다. 나중에 니체 전집을 찾아 올 때 같이 갖고 와야겠다.

요즘 내가 내린 결론은 병원, 은행, 등의 집단을 믿지 말아야겠다는 것이다. 그래서 예전에 읽었던 미셸 푸코의 『광기의 역사』가 생각나는지도 모르겠다. 그때 번역된 제목도 『광기의 역사』였는지는 기억이 잘 안 나는데, 세 권 시리즈 식으로 나온 걸 샀던 것 같다. 『광기의 역사』 등 권력에 대한 세 가지 시리즈였는데 기억이 잘 안 난다.

어쨌든 내가 여기까지 살아 보니 병원과 친할 필요가 없다. 비약해서 과장되게 표현해보자면, 우리 현대 자본주의 사회는 건강을 망치게끔 먹여 놓고는 나중에는 병원에 보내는 시스템을 갖고 있는 것 같다. 일반 사람들은 그 놀음에 놀아나면서 대기업의 배만 불려주고 있다. 그러니까 대량 시스템에 의해 마구 생산해내는 식품 같은 것에 자기를 쉽게 노출시키면 안 된다. 자신의 먹거리는 스스로 선택하고 관리를 해야 한다.

현재 돌아가고 있는 상황을 비약해서 말해보자면 이렇다. 대기업에서 생산해놓은 식품과 외식 산업을 통해 우리는 발암물질들이 잔뜩 든 음식들을 먹고 나서, 또 '건강 보험'이라는 걸 강요당하면서 결국에는 병원이라는 대기업, 또는 권력집단에게 노후를 맡기게 된다. 건강 보험 하나쯤은 들어야 하는 게 당연지사처럼, 또 그게 현대를 살아가는 지혜처럼 느끼게끔 만들어놓고 있는 것이다.

이런 구조 속에 들어가 버리면 정말 건강 보험도 꼭 들어야 하고, 늙어서는 병원에서 약도 타먹고 치료를 받고 수술도 받아야 할 것이다. 그런 삶을 살도록 우리는 그 틀 속에 들어가게끔 짜여 있다. 하지만 그 틀을 깨야 그 시스템 속에서 빠져나올 수 있다. 대기업들이 만들어 놓은 그런 가공식품 시스템 속에서 빠져나와야 한다. 우리 몸에 좋지 않은 화학 약품이 가능한 들어있지 않는 먹거리를 챙겨야 하며, 자기 몸 관리를 스스로 해야 한다. 그래야 보이지 않는 큰 힘이 만들어놓은 시스템 속에서 빠져나올 수 있다. 병원과 대기업의 권력에서 벗어날 수 있는 것이다.

## 미셸 푸코에 대한 기억을 더듬으며
—

이처럼 일상적으로 흘려버릴 수도 있는 세상이 만들어놓은 틀을 비판적인 시각으로 바라보는 관점도 독서를 통해 길러질 수 있다. 물론 세상만사를 모두 '삐딱하게 보는 것'만이 능사는 아니다. 병원과 대기업의 긍정적인 측면도 분명히 존재한다. 인류 역사상 지속적으로 인간을 괴롭혀왔던 굶주림과 질병에서 구출이 된 것도 대량생산 시스템과 현대화된 의료 기술 때문일 것이다.

하지만 한 가지 관점으로만 보면 놓칠 수 있는 중요한 사실도 있다는 걸 강조하고 싶은 것이다. 그것이 바로 '독설 독서법'이다. 요즘 들어 텔레비전의 다큐프로그램에서도 병원이나 대기업의 부정적인 측면을 비판하는 내용을 자주 다루고 있다. 병원 등에 대한 이러한 비판적 시각들을 보니 문득 미셸 푸코가 생각나는 것이다.

그는 정신병원의 역사를 통해 광기를 어떻게 그런 집단이 강제하고 통제해왔는지, 인간을 어떻게 권력이 장악해왔는지 자신의 책을 통해 설명해놓았다. 그가 살던 시절에는 그런 고찰이 먼저 필요했을 것이다. 그 독설적 시각을 확장시키면 일반 병원과 은행 같은 기관들이 어떻게 인간의 삶을 통제하고 강압해왔는지 짐작이 된다.

대기업과 권력이 만들어 놓은 시스템을 벗어나야 인간은 좀 더 자유로울 수 있다. 물론 현대 사회를 살면서 그 사회적 시스템을 완전히 끊고 살 수는 없겠지만, 가능한 그들이 쳐놓은 거미줄 같은 함정은 피해서 살아야 한다는 것이다. 우선 병원을 멀리할 수 있도록 자기 먹거리와 건강을 평소 잘 챙긴다면 평생 병원에 갈 일이 없을 것이다. 물론 다리가 부러진다거나 하는 물리적 사고가 발생하면 병원에 가야 하겠지만, 질병은 먹거리만 잘 관리하고 생활 습관만 잘 통제한다면 충분히 자신을 지켜낼 수 있다. 살면서 병원과 친하지 않는 것이 자신을 보다 더 자유롭게 만드는 지름길이다. 그리고 의사들이 해결해줄 수 있는 범위도 솔직히 한계가 있는데, 우리는 마치 의사들이 만능의 손을 갖고 있다고 착각하면서 살고 있다.

일례로 요즘 갑상선암 검사도 안 하는 게 좋다는 이야기가 나온다. 한때 얼마나 많은 사람들이 건강진단을 무한정 신뢰했던가. 주변에서 귀가 따갑도록 들었던 이야기가 일 년에 한번쯤은 꼭 건강진단을 받으라는 말이었다. 주기적인 건강진단만이 병을 예방하는 최선의 방책이라고 했다. 하지만 난 몇 년 전부터 의사나 병원이나 그 메커니즘이 아주 불완전한 존재라는 걸 파악해가는 중이라서 그 말을 듣지 않고 있다. 건강 진단을 정기적으로 받지 않은 채 나름대로 먹거리나 생활 습관에만 신경을 써오고 있을 뿐이다.

그 대신에 아침마다 일어나서는 꼭 거울을 보며 안색을 살핀다. 건강에 이상이 없는지 스스로 매일 체크하는 것이다. 낯빛이나 혀의 색깔, 눈동자의 색이 평소와 달리 칙칙하다거나 이상이 있으면 건강에 이상이 있다는 신호일 것이다. 또 무엇보다도 인스턴트 음식을 가능한 먹지 않고, 식생활 습관을 잘 지킨다거나 하면서 내 건강을 방어하고 있다.

그런데 최근 드디어 갑상선암 진단이 불필요하다는 이야기가 수면 위로 떠올랐다. 우리나라의 병원 상술로 언론에서 갑상선암 등을 비롯한 건강검진에 대해 부추기고 국민들을 호도하는 가운데 세계 최고의 갑상선 암 발병률이라는 최근 기록을 냈다는 비판이 의료계에서도 반성의 목소리가 나온다는 것이다.

갑상선 암은 다른 암과는 달리 급성 갑상선 암을 제외하면 아주 천천히 진행을 해서 죽기 전까지 그 암이 우리 인체에 큰 영향을 안 끼칠 수도 있다고 한다. 그런데 검사를 통해 억지로 그걸 발견해내서 수술을 하고, 평생 약을 먹도록 만들어왔다는 것이다. 사실 갑상선 암에만 이런 주장이 구체적으로 드러났지만, 다른 질병도 전문가가 아닌 이상 우리가 알 턱이 있겠는가. 어디까지 믿어야 하는지, 어디까지가 진실인지 알 길이 없다.

이처럼 병원 같은 일종의 권력집단화된 권위에는 우리 같은 일반인들은 이의를 제기할 수 없다. 제대로 정신을 차리지 않고 있다면 꼼짝도 못하고 당하게 된다. 대기업의 광고로 먹고 사는 언론도 한몫을 하고 말이다. 이제 극단적인 자본주의 사회에서 언론도 어떤 면에서는 거의 대기업의 시녀 노릇이나 하고 있다는 주장도 있으니 당연지사다. 언론도 이런 비판을 받을 만한 일을 절대로 안 했다고는 말 못할 것이다. 어쨌든 우리가 전문가 집단이라고 믿고 싶어하는 의사들도 마찬가지, 자본의 논리 앞에서 공정한 진료보다는 이익만 앞세우고 있다는 반성의 목소리도 일부 양심이 있는 의사들 입에서 나오고 있는 실정이다.

이제 개인의 미래와 운명은 개인이 지켜야 한다. 권력에 놀아나선 안 된다. 자본의 권력, 의학의 권력, 등에 놀아나선 안 된다는 걸 미셀 푸코가 일찌감치 지적했던 것이다. 우리 인간의 역사는 심하게 말하자면 종류만 달라졌지, 권력에 의해 놀아나는 역사를 갖고 있다. 개인이 정신을 차리고 세상을 읽어내지 않으면 거기에 좌지우지 될 수밖에 없다.

그래서 독서가 필요한 것이다. 물론 현재 우리나라 독서 경향처럼 베스트셀러나 쫓아가는 줏대 없는 독서가 아니라, 자기가 궁금해 하고 탐색하고픈 주제를 따라 파고드는 독서를 해야 한다. 만화나 장르 소설, 또는 가벼운 자기계발서 등 이런 종류의 독서만이 많은 부분을 차지하고 있는 우리 독서 문화만으로는 강대국을 쫓아갈 수 있는 원동력을 절대로 만들 수 없다.

# 독서로 우리는 진화해야 한다

—

　　우리가 그나마 하는 독서마저 그런 가벼운 독서에만 매달려 있다면 앞으로 우리에겐 미래가 없다. 과연 우리의 아름다운 미래를 뒷받침해줄 정신적 원동력은 어디서 나올 수 있을 것인가. 그런 정신적 토대가 없기에 우리는 항상 선진국이 만들어 놓은 기술이나 사상을 큰돈을 들여 빌려 오지 않는가. 바로 눈앞의 이익만 좇아 사는 분위기이다 보니 먼 미래를 위해 국가나 자신을 향한 투자는 어림도 없다.

　　깊이 있는 독서를 해야 우리나라가 제대로 앞으로 나아갈 것이다. 분위기에 편승하는 독서 문화, 또는 영화나 기타의 문화 소비도 지양을 해야 한다. 그건 진정한 문화의 향유가 아니다. 그냥 들쥐떼처럼 남 뒤꽁무니만 좇아가는 어리석은 짓에 불과하다. 요즘 대박이 터진 영화라면 다들 너도 나도 보러 간다. 우리는 뭐 하나만 잘됐다고 하면 다들 그걸 따라한다. 거기엔 자기 판단 따위는 없고, 자기 취향 따위도 없다. 정말 괜찮은 영화는 우리나라에서 홀대를 받고, 영화적 의미는 별로 없고 그냥 사회적 이슈만 되는 영화에만 그렇게 사람들이 몰리는지 정말 우리나라엔 미래가 없어 보인다.

　　독서와 교육만이 살 길이다. 우리는 진화해야 한다. 그래야 우리 민족에게 미래가 있다. 언제까지 강대국들 틈바구니 속에서 숨죽이며 살 것인가. 우리는 정신적으로도 진화해야 하고 나라의 힘도 키워야 한다. 그걸 위해서는 국민 개개인이 더 현명해져야 하며, 집단과 권력에 휘둘려 살아서는 안 될 것이다. 그 길로 가기 위해선 진정한 독서 문화가 필요하다. 알맹이 있는 책들을 섭취하면서 스스로 판단할 수 있는 능력을 기르는 것이 전체 대한민국의 발전을 위해서도 필요한 일이다.

자기의 사고 능력을 향상시킬 수 있는 독서를 해야 한다. 껍을 씹 듯이 단물만 빨아먹고 버리는 식의 독서는 남지 않는다. 자기 인생에 큰 도움이 되지 않는다. 자기 안에 내공으로 쌓일 수 있는 독서가 필요하다. 그러기 위해선 어려운 책도 참고 이겨내는 인내심이 필요하다. 우리의 사고 근육도 훈련하면 할수록 키워진다. 처음엔 어렵지만 계속 해나가다 보면 근육의 발달로 어떤 책이라도 너끈히 읽어낼 수 있고, 어떤 문제의 판단에도 현명하게 결론에 근접할 수 있는 것이다. 특히 독설로 가득 찬 냉소적인 시각을 가진 독서도 필요하다. 그저 세상이 아름답네, 사람이 꽃이네, 하는 달콤한 꽃노래만 늘어놓는 책만이 아니라 잔인하지만 세상의 숨겨진 메커니즘과 민낯을 까발려주는 독서도 반드시 필요하다. 미셸 푸코를 읽는 일 처럼 말이다.

# 북소믈리에의 독서 찬가

"얼굴이 잘생기고 못생긴 것은 운명 탓이지만,
독서나 독서의 힘은 노력으로 갖추어질 수 있다."

- 셰익스피어

　어느 날 독서를 하다가 '사회적 다윈주의'라는 말에 꽂혔다. 바로
생물학의 적자생존에 관한 법칙을 사회학적 의미로 적용시킨 개념
이다. 내가 요즘 부쩍 관심이 많아진 인간의 본성에 대한 문제와 연
관이 있는 것 같았다. 인간은 DNA에 의해 운명이 결정된다는 생물
학적 관점이 사회학적 문제와 연결이 되는 개념 같아서 정신이 번쩍
들었다. 아, 그랬지……. 이런 걸 '사회적 다윈주의'라고 개념화시키
고 있구나. 역시 독서의 필요성에 대해 확실히 깨달았다.

　이 사회적 다윈주의는 니체의 초인 사상과 연결이 되고, 독일 나
치의 유대인 학살과도 관련이 있는 개념 같았다. 니체의 초인 사상
을 히틀러가 악용했다는 이야기를 전에 어디선가 읽었던 기억이 새

삼 났다.

이 '사회적 다윈주의'라는 말을 만나자, 앎에 대한 갈증이 다시 생겼다. 이 지적 호기심은 우리가 왜 독서를 해야 하는지에 대한 해답이다. 독서는 정말 과거의 인간 정신이 가장 영민했던 사람들과의 대화이다. 그래서 독서가 더욱 필요한지도 모르겠다. 걸러진 사상과 예리하게 갈고 닦은 통찰의 결과물들이 책 속에 담겨 전해지니까 말이다. 우리는 지적 호기심을 충족하고 정보를 얻기 위해서 독서를 한다.

우리는 많은 독서를 통해 통찰력의 바탕이 되는 데이터를 축적한다. 인풋을 하지 않으면 아웃풋도 없다. 아무리 책을 많이 읽었다고 하더라도 계속 책에 갈증을 느낄 수 있다. 아직도 모르는 것이 너무나 많다는 깨달음 때문이다. 아니, 어렴풋이 알고는 있었지만 깊이 있게 알지는 못했던 것들이 너무 많기 때문일 수도 있다. 많은 것들을 얕게만 알고 있다는 걸 느낄 때 독서의 필요성이 더 절실하다. 그리고 독서가 주는 즐거움에 새삼 놀라곤 한다.

나는 독서의 즐거움을 느끼며, 그 에너지를 바탕으로 좋은 책을 만드는 삶이 정말 의미 있는 것 같다. '즐기면서' 책을 만들 수 있다는 것이 삶의 성취가 아닌가 싶다. 마음의 여유를 갖고 독서를 하면서 내가 만들고 싶은 책을 출판하는 것, 내 기획 의도대로 책이 나와 주는 것, 그리고 때때로 세상을 바꿀 만한 책을 만들 수 있는 기회를 갖는 것, 그것이 내가 궁극적으로 원하는 삶의 모습이 아닐까,

하고 요즘 생각해 본다. 한편으로는 그걸 목표로 삼은 것만으로도 내 삶의 방향을 찾은 것 같다. 또한 기획의 키워드를 찾다가 가끔 나의 지적 호기심을 자극하는 단어나 책을 만나면 흥분이 된다.

요즘 새롭게 읽기 시작한 윤치호의 일기에서 '사회적 다원주의'라는 단어를 발견했던 때도 마찬가지였다. 마침 윤치호의 일기 중에서 3.1절에 대한 부분을 읽었는데 꽤 인상적이었다. 윤치호는 1945년 해방이 되던 해 죽었다고 한다. 참 묘한 운명인 것 같다. 윤치호 개인으로 볼 때에는 역설적으로 참 다행스런 일이 아니었을까.


## 독서의 즐거움에 대하여

예전에 나는 친일파를 무조건 피해오기만 했다. 그와 관련된 책은 살펴볼 가치도 없다고 생각했다. 친일파의 평가에 대해선 더 이상 반문할 필요성도 느끼지 못했으니까. 그리고 사실 친일파에 대한 관련 서적도 주변에 없었다. 별로 관심을 두지 않았기 때문에 안 보였을 수도 있겠지만 애써 찾아볼 마음도 없었다.

하지만 윤치호 관련 책을 통해 소위 지식인이라고 불리던 그들의 판단이 어떻게 어긋나게 되었는지 우리가 그 과정을 알 필요도 있다는 것을 깨닫게 되었다. 그 당시 지식인들이 왜 친일을 해야 했는지 그 이유가 갑자기 궁금해졌다. 예전에는 그저 부귀영화를 누리려는 인간 본성의 이기심 때문이라고만 단순하게 생각했다. 그러나 그 시대적 상황과 지식인의 심리적 구조도 함께 살펴볼 필요가 있다는 걸 최근 독서를 통해 깨달았다. 지식이란 것이 어느 지점에서 잘못된 판단으로 흐르게 되는지 분석할 수 있어야 지식의 덫에 빠지지 않을 수 있기 때문이다.

윤치호가 쓴 일기를 엮은 책을 읽어 보니 그가 참 대단한 지식인이라는 사실은 분명했다. 하지만 그에게도 판단의 한계가 있었던 것은 참으로 '인간적인, 너무나 인간적인' 실수였던 것 같다. 아니, 실수라기보다 큰 잘못이겠지. 일본에게 잘해주고 일본에게 잘 보이면 우리 민족을 도와줄 것이다, 라는 순진한 생각을 할 수 있었던 근원은 무엇이었을까. 3·1운동 때 일본인들의 총칼에 쓰러지는 우리 민족을 보면서 그도 눈물을 흘렸다는 건 일견 아이러니다. 그러나 그건 악어의 눈물이 아닌 것 같다. 그의 일기를 통해 보면 진심으로 눈물을 흘린 걸 알 수 있었다.

하지만 그가 왜 더 날카로운 통찰력을 가질 수 없었는지 안타까웠다. 대단한 지식인이었던 그가 통찰력의 한계에 부딪혔던 이유는 무엇이었을까. 지식이 많아도 올바른 길을 갈 수 없는 까닭은 무엇일까. 그는 그 한계 때문에 진정 위대해질 수 있는 기회를 잃었다. 놀라운 지적 능력을 갖고서도 말이다.

그가 놓친 것은 과연 무엇이었을까. 그걸 알아내는 것이 그의 일기를 읽는 이유일 것이다. 또한 그 시대적 배경에서 무엇이 한 지식인을 친일로 내몰았는지, 그의 뛰어난 지성이 왜 친일을 선택할 수밖에 없었는지 그 개인적 고뇌와 통찰의 바탕이 무척 궁금해졌다.

결과적으로 봐도 일본은 우리 민족을 자발적으로 독립시켜 주지 않았다. 영원히 그럴 일은 없었을 것이다. 인도가 영국을 도와줬지만 영국이 스스로 인도의 독립을 시켜주지 않았던 것처럼 말이다. 그런데 윤치호는 왜 그런 순진한 발상을 했던 걸까. 그가 세계 정세는 연구했지만, 인간의 본성과 힘의 논리에 대해서는 깊이 연구를 하지 못했기 때문은 아닐까. 인간과 세상의 이면에 대한 통찰력은 정말 그에겐 없었던 걸까.

인간의 이기적 본성과 마찬가지로 국가도 똑같을 것이다. 자기를 도와준다고 해서 자발적으로 독립을 시켜 줄 리가 없다. 인간의 본성에 대한 명민한 통찰력이 있었다면 그런 순진한 발상은 하지 않았을 텐데……. 인간적으로 너무나 안타깝다.

한편, 우리 민족이 독립운동을 했기 때문에 독립이 된 것은 아니다, 라는 그의 말에는 거부감이 생길 수 있다. 국사 시간에 배운 바로는, 우리 민족이 치열하게 독립운동을 하고 있었기 때문에 강대국들이 독립을 시켜줄 의지가 있었다고 했다. 물론 세계 정세의 흐름상 미국이 히로시마에 원자폭탄을 터뜨린 것이 결정적인 계기였던 것도 사실이다.

세상 모든 일이 한 가지 이유만으로 이루어지지는 않을 것이다.

강대국들이 자기 나라의 이익을 위해 행한 일이 결과적으로 우리의 독립을 이끌게 되었던 측면도 있다. 만일 강대국들이 자기 나라의 이익에 반했다면 절대로 그렇게 하지 않았을 것이다. 그렇다면 우리의 독립은 어떻게 되었을까? 윤치호가 살았던 시대만 하더라도 우리나라의 운명은 세계 정세에 휘둘렸다. 그걸 지켜보던 지식인 윤치호가 체념을 하고는 한쪽으로 치우친 판단을 했던 것 같다.

그런데 요즘도 우리나라의 운명이 우리에게만 달린 것은 아니다. 세계 강대국 틈새에 끼인 것도 그때나 지금이나 마찬가지이고, 휘둘리고 있는 것도 부정할 수 없는 현실이다.

따라서 우리는 내부적으로 분열될 것이 아니라, 하나가 되어 하루 빨리 나라를 부강하게 해야 한다. 그리하여 북한과도 통일을 이루어야 한다. 국력이 강하다면 외세에 휘둘리지 않을 수도 있다. 과거의 역사를 되풀이하지 않도록 항상 단결하고 깨어 있어야 한다. 서로 믿지 못하고 내부적으로 분열만 한다면 정말 우리나라의 미래는 없을지도 모른다.

1945년 이후 우리는 어느 지점에 와 있을까? 우리는 여전히 강대국들의 힘의 균형에 의지해 있을 뿐이다. 하지만 이제는 우리가 하나 되어 '클린 대한민국, 파워 대한민국'이 되기 위해 노력해야 하지 않을까. 그러나 어디서부터 어떻게?

## 세상과 인간의 역사는 하나의 '책'이다

나라를 부강하게 하려면 온 국민이 힘을 합쳐 앞으로 나아가야 할 텐데……. 왜 아직도 이러고 있을까. 윤치호는 독립을 획득하더라도 그 독립을 유지할 힘이 없을 때에는 독립이 무의미하다고 말했다. 이 말은 그가 친일을 했던 그 당시, 자기 자신에 대한 변명을 위한 논리일 수도 있을 것이다.

그러나 꼭 친일파의 말이라고 폄하할 일만은 아니다. 또한 윤치호를 역사학적으로 분석한 어떤 책의 구절도 생각난다. 우리는 이제 민족주의라는 편협한 틀에서 벗어나 오직 남 탓만 하지 말고, 왜 우리가 나라를 잃었는지 우리 내부적으로도 반성을 해보아야 한다는 말이 가슴에 와 박힌다.

그렇다. 그 생각을 한번도 심각하게 해보질 못해봤다. 이런 생각이 일본이 심어 놓은 식민사관의 관점이라고 배웠기 때문에 더 그런 것 같다. 우리는 그동안 피해의식 때문에 오직 남 탓만 했다. 제국주의의 침략 때문에 우리 민족의 양 같은 순한 품성이 짓밟혔다고. 그렇게 교육을 받아오지 않았던가. 우리는 이제 피해의식에서 벗어나 자기 반성을 통해 앞으로 나아가야 한다. 물론 아직도 헛소리를 해대는 일본이 반성을 하고 사죄를 해야 하는 건 당연하다.

그런데 그건 그들 몫이다. 일단 우리는 우리 자신을 스스로 읽어낼 필요도 있다. 그래야 우리에게도 진정한 강국으로서의 대한민국이 존재할 수 있을 것이다. 언제나 외세와 강대국의 눈치만 보고 있을 수만은 없다. 분열만 하면 그 결과가 무엇인지 우리는 역사를 통해 이미 배우지 않았던가.

"물 수 없다면 짖지도 마라."

이 말은 윤치호가 한 말이다. 이 말에 해답의 실마리가 보일 수 있다. 물 수 있는 힘을 하루빨리 키워야 한다.

친일파가 했던 말이라고 무조건 모두 폄하해버리진 말아야 한다. 한동안 더 이상 나의 지적 호기심을 자극하는 책은 없을 거라고 생각했는데, 얼마 전에 우연히 윤치호와 관련한 책들을 구입하면서 새삼 아직도 내가 더 자극 받아야 할 관점들이 있다는 것에 대해 기뻤다는 것은 앞서 이야기했다. 이런 즐거움이 바로 독서가 주는 신물이다. 독서는 금기의 영역도 뛰어넘어야 한다. 그것이 진정한 독서가의 자세이다.

사람들이 주는 대로 받아먹지 말 것, 너무 편향된 사고를 하지 말 것, 진리는 현상 너머에 존재하는 것, 한 사람을 너무 한 가지 잣대로만 평가해선 안 된다는 걸 알았다. 윤치호가 친일파로 낙인찍히면서 그의 인생의 전반에 걸친 공과를 알아보는 작업까지 막아버리는 건 크나큰 역사적 손실이 아닐까.

아픈 역사도 다시 살펴보고 거기서 교훈을 얻어야 하지 않는가. 우리는 한 가지 관점만 강요받아온 것에 익숙해 있다. 소위 집단주의적 사고방식이다. 그러한 교육을 받았고, 그러한 잣대를 많이 강요받았던 측면이 있다. 세상과 인간의 역사는 하나의 책일 수도 있다. 우리는 다양한 독서를 해야 하는 것처럼 다른 관점 또는 숨기고 싶은 역사마저도 읽어내야 한다. 그래야 앞으로 나아갈 수 있다.

그래서 나는 출판을 통해 한 가지 관점만을 강요하는 세상의 벽을 깨뜨리는 다양한 관점의 책들을 소개하고 싶었다. 왜냐하면 나는 어릴 때부터 독서를 통해 길러진 다양한 시각 덕분으로 그 강압적이고 일방적인 관점에 대해 항상 불편해왔으니까. 왜 모든 사람들이 한 가지 관점으로 매몰되어야 하는지, 왜 고정된 틀만을 강요당해야 하는지, 그게 많이 거북했다. 그 강요가 '과정'보다 '결과'를 중시하는 우리 대한민국의 사회 분위기로 이어진 건 아닌지.

국내에는 윤치호가 남긴 60여 년의 일기 중 일부가 번역되어 나와 있는데, 그 관련 서적을 여러 권 구입해 읽어 보니 친일파 윤치호가 아니라, 지식인 윤치호라는 인간에 대한 탐구가 새로웠다.

우리나라의 가장 모진 역사 시대에 살던 한 지식인이 그 시대를 어떻게 바라보고 통찰했는지 그 궁금증을 채우기 위해서라도 '탐색'과 '탐구'로 충분히 고찰해볼만한 가치가 있는 것 같다. 그래서 틈이 나는 대로 몇 페이지씩 독서를 하기로 했다. 일기라서 쪼개 읽기는 편한 것 같다.

우리는 알고 보면 물리적으로 너무 좁은 반도에 갇혀 살고 있고, 정신적으로는 너무나 편협한 사고에 갇혀 지내온 건 아닐까. 나는 나름대로 열심히 그 '틀'을 깨뜨리며 살아왔다고 자부를 해왔건만

나를 둘러싼 이 문화적·역사적 틀은 여전히 나의 정신을 옥죄고 있다는 걸 느낀다.

우리는 왜 여러 관점에서 사물과 시대를 관찰하고 탐색할 자유가 없는가. 내가 출판을 하는 이유는 바로 그 관점의 다양화를 위한 시도 때문이다. 옳고 그름을 구분할 수 있는 판단력을 기르기 위해서라도 예리한 관점의 칼날을 다듬어야 할 기회는 보장되어야 한다. 그게 바로 '지성'이며, '지식인의 활동'이며, 인간이 동물과 다른 존재가 되어가는 과정이 아닐까. 밥만 먹고 일상만 좇아 사는 게 인간은 아닐 것이다. 인간이 얼마나 진화할 수 있는가에 대한 그 가능성은 바로 '사고의 확장, 관점의 다양화, 사색의 진보'가 아닐지.

하여튼 지적 자극을 받고 독서에 대한 즐거움을 만끽하며 앞으로 책을 더 다양하게 읽어야겠다는 생각이 들었다. 세상은 넓고 알아야 할 것은 많다! 탐구해야 할 인간도 많다. 사색해야 할 대상도 많다. 통찰해야 할 영역도 많다. 이렇게 공부하고 사색하는 것이 진정한 인간의 모습이 아닐까.

물론 그 한 가지만으로 인간을 설명할 수 없지만, 본능적으로 먹고 자고 싸는 인간의 본성과 더불어 사색과 통찰, 연구하는 것 역시 인간의 본성 중 일부라고 생각한다. 인간의 본성도 다양화시켜 발현해야지, 한쪽으로만 너무 치우치면 편협한 인간이 되고 말 것이다.

발산하라, 인간의 지성을!

느껴라, 인간의 지적 능력을!

탐험하라, 이 세계를!

다시 말하지만 이 세상과 우리 인간의 역사는 하나의 '책'이다. 이 세상은 하나의 책, 흡입하고 싶은 것들이 정말 많다. 인간들이 펼치는 사회 현상, 역사, 정치, 문화, 예술 등등 그 모든 것들이 그 자체로 하나의 '책'이다. 이 세상을 책으로 삼아 그들을 '읽는' 건 어떨까. 또한 '이 세상 너머의 영역'까지 앎의 지평을 넓힌다면 얼마나 알고 싶은 것들이 우리 앞에 많이 존재하는 걸까. 우리의 뇌가 깨어 있는 한 이 모든 것들을 한껏 들이마시면서 앎의 향연을 즐기고 싶지 않은가. 그 길은 바로 독서와 맞닿아 있다.

# 북소믈리에가 책을 맛보는 법

"남의 책을 읽는 데 시간을 보내라.
남이 고생한 것에 의해 쉽게 자기를 개선할 수가 있다."
- 소크라테스

편집자의 자질 요소로 누군가 써놓은 글 중에 새로운 사람들과의 만남을 두려워해선 안 된다는 내용을 본 적이 있다. 거기서 편집자의 자질 중에서 부담이나 업무로 나오는 것들을 다행히도 나는 모두 즐기며 하고 있다.

그 중에서 또 생각나는 편집자의 자질은 보도자료를 작성하는 것이다. 나는 원고를 받고 교정을 보며 편집할 때 그 원고에 대해 느낀 그대로를 중간중간에 대략적으로 메모해놓기 때문에 실제로 보도자료를 쓸 때에는 그리 부담스럽지 않다. 또 작가나 관계자들을 만나고 새로운 사람들을 섭외하고, 인쇄소 같은 거래처 사람들과의 관계 등에 대한 편집자의 자질도 천만다행으로 내 성격과 맞아 딱히 힘들게 느껴지진 않았다. 지금이야 이 일을 오랫동안 해왔기 때문에 당연한 것일지 모르겠지만, 처음에 이 일을 할 때부터도 전혀 그런 것들이 일처럼 느껴지지 않았다. 아마 새로운 사람들을 만나는 일을 즐기는 성격 때문인 것 같다.

나는 출판 일을 하기 전에 교육전문지와 지역신문에서 취재기자와 편집장을 했다. 그때에도 새로운 취재원을 만나는 일이 즐거웠다. 새로운 사람을 만나 이야기를 할 때면 으레 새로운 한 인생을 대면하는 셈이라 인터뷰 자체를 즐겼다. 한 시간 인터뷰해도 기사를 쓸 수 있지만, 난 서너 시간 오래오래, 진이 빠질 때까지 이야기를 들었다. 그럼 그 사람의 진짜 인생이 나오는 걸 볼 수 있다.

월급을 받아가면서 다른 사람의 인생을 들여다볼 수 있다는 것이 참 좋은 기회라고 생각했다. 선생님들의 인생살이나 다양한 사람들의 인생을 긴긴 이야기를 통해 들으며 시간 여행을 할 때면 마치 인생이라는 매번 다른 책 한 권을 읽고 있는 것 같았다.『작가 사냥』에서도 밝혔던 것처럼 그때 나는 모든 사람의 내면에 '책 한 권'을 충분히 쓸 만큼 아주 특별한 스토리가 담겨 있다는 걸 깨달았다.

## 책과 사람, 그리고 행복

—

　　　이런 생활을 해서인지 출판사에 들어와 다양한 사람들을
만날 때에도 전혀 부담스럽지 않았다. 아니, 기자를 할 때도 처음부
터 매번 새로운 사람을 만나 대화를 통해 그 사람의 인생을 들여다
보는 게 어렵거나 부담스럽지 않았다. 아마 내가 먼저 마음을 열고
무장해제를 하며 귀를 기울였기 때문이 아닐까. 난 어릴 때 독서를
하는 기분으로 사람들을 만나 그들을 통찰하면서 읽는다. 학생일
때 '종이로 된 책'이라는 대상을 읽었다면 사회에 나와서 일을 할
때에는 '사람이라는 책'을 읽는다고 할까.

　어쨌든 덕분에 사람을 만나 이야기하는 것이 사적 만남이든 공적
만남이든 난 모두 즐기게 되었다. 공적 만남일 때도 수다 떨기처럼
한다. 내가 하고 있는 일이 문화 관련 일이고, 또 사람의 마음이 움
직여야 주로 이루어지는 일들이라 이런 것이 가능하지 않을까 싶다.
사적 영역이 공적 영역으로 확장될 수 있는 것, 공적 영역이 사적 영
역으로 가능한 곳이 출판이 아닐까. 그래서 출판 일은 매력적인 것
같다. 책을 만드는 과정은 단순한 일이 아니다. 사람과 사람 사이의
관계와 만남, 마음의 교환이기 때문에 복잡하고 섬세한 일이다. 그
러나 그러한 점 때문에 오히려 출판 일은 업무 같지 않고 때로는 심
지어 '놀이' 같다. 몸은 피곤해질 때도 있지만 마음이 자유로울 수
있는 이유이기도 하다.

내가 직원으로 출판사에 다닐 때에도 이런 삶의 태도를 유지할 수 있는 회사만 골라 다녔다. 일을 즐기면서 할 수 있는 곳이 내겐 반드시 필요했다. 그래야 일의 능률도 오르고, 결과도 좋고 보람도 있기 때문이다. 사실 작가와의 관계가 좋고 소통이 잘 되어야 좋은 책을 만들 수 있지 않는가.

디자이너와의 관계도 그렇고 일러스트레이터와의 관계도 그렇고, 모두가 한 가족처럼 마음이 통하면 더 좋은 책을 만들 수 있다. 출판이란 그래서 더 매력적이다. 책은 작업을 함께하는 모든 사람의 에너지가 담긴 결과물이다. 앞으로 더 환상적인 호흡을 맞출 수 있는 작업 팀을 꾸리는 것이 내 바람이다. 언젠가는 한 마음이 되는, 그런 천하무적의 작업 팀을 완성해나갈 수 있을 것이다.

다른 출판사의 직원이었을 때보다 이제는 내 회사를 운영하면서 그 비즈니스 관계를 끈끈한 인간적 관계로 더 발전시킬 수도 있다. 아무래도 직원일 때에는 내가 결정할 수 있는 것들이 상대적으로 적고, 사장님 마음이 변하면 본의 아니게 내 말에도 신뢰를 잃게 되는 사태가 온다. 하지만 이제 내 회사이다 보니 내 말이 곧 절대적 신뢰로 이어질 수 있어 마음도 편하고 더 즐겁다. 단순히 기획자 겸 편집자로서 작가나 그 밖의 사람들을 대할 때 내가 지킬 수 있는 영역은 그리 많지 않다. 내 말과 약속이 본의 아니게 때로는 영원하지 않을 수도 있다. 그러나 이제는 내 말이 곧 현실이 된다. 그래서 나는 책읽는귀족이 아주 든든한 울타리 같아 일을 하는 게 더 즐겁다.

## '자기만의 천국'을 만들어라

　　책은 사람들의 마음과 열정과 에너지가 담겨 생명력을 지니는 것 같다. 그 책을 함께 만든 사람들의 열정과 영혼이 담겨 있기 때문이다. 그래서 책은 생명체처럼 느껴질 때가 많다. 처음 인쇄소에서 새 책이 나와 그 뽀얀 속살을 드러낼 때면 나는 참 행복하다.

　책읽는귀족 책들의 종이 질이 나름 좋기 때문에 더 그런 면도 있지만, 새 책의 속살은 정말 뽀얗다. 난 그래서 종이 질 만큼은 나름의 기준이 있어 절대로 그 수준을 내리지 않고 균일하게 유지한다. 새 책을 인쇄소에서 갓 받아들었을 때 그 카타르시스는 책이 앞으로 잘 팔릴지, 어떨지와는 상관없이 나에게 아주 큰 기쁨을 준다. 그 책들을 바라보자면 정말 세상을 다 가진 듯한 기분이다. 이렇게 출판이 나에게 행복을 주기에 내겐 천직인 것 같다.

　가끔 시간이 날 때 이제까지 출판한 책읽는귀족의 종이책들이 나란히 꽂힌 서가를 바라보면 정말 뿌듯하다. 앞으로 점점 더 책장을 채워갈 책읽는귀족의 책들, 나에겐 마치 자식처럼 느껴진다. 그 책들에게 정말 생명이 있는 것처럼 다가온다. 그 책들이 대중적으로 잘 팔리든 아니든 그 자체로 나에겐 행복을 준다. 물론 더 잘 팔리면 더 큰 기쁨을 주겠지만, 존재 그 자체만으로도 기쁨을 주는 건 사실이다.

　요즘 내가 좋아하는 프로그램 중의 하나인 MBN의 〈나는 자연인

이다〉에서 신년 특집으로 별외 버전인 '글로벌 자연인'을 방영해준 적이 있었다. 그 중에서 호주에 사는 한 자연인이 이런 말을 했던 것이 기억에 남는다.

"자기만의 천국을 만들어라. 그 천국은 꼭 자연 속에서만 만들 수 있는 것은 아니다. 도시 안에서도 만들 수 있다. 어디서나 만들 수 있다. '자기만의 천국'을 꼭 만들어라."

이때 천국을 파라다이스라고 한 것 같다. 어쨌든 이 말이 아주 마음에 와 닿았다. 요즘 내가 생각하고 있는 것과 똑같기 때문이다. 책이란 과거에도 현재도 나에겐 파라다이스이다. 그래서 이 자연인이 말한 의미를 완전히 난 이해할 수 있었다. 나도 그 말을 실천하고 있으니까 말이다. 누구나 자기만의 천국을 건설해야 한다. 난 그것이 곧 행복한 삶이라고 생각한다. 사람은 태어났으면 누구나 행복을 누릴 권리가 있지 않나. 행복은 스스로 설계하고 쟁취해야 한다.

어쨌든 독서가 존재론적으로도 그렇고 현실적으로도 행복의 의미와 울타리를 제공해주고 있다. 그래서 죽을 때까지 이 행복의 끈을 놓지 말아야 한다. 자기만의 파라다이스를 더 아름다운 곳으로 건설해나가고 싶다면 책을 가까이 두기를. 마음이 맞고 뜻이 통하고 의리가 있는 좋은 사람들과 더불어 책은 우리에게 파라다이스를 선물해줄 것이다.

# 북소믈리에, 텍스트를 넘다

*"줄곧 열중하여 독서하다가 나중에 독서하는 일이 없으면,
읽은 재료는 뿌리를 뻗지 못하고 대개는 소실되고 만다."*

\- 쇼펜하우어

예전에 SBS 스페셜에서 〈세상은 생각보다 단순하다〉는 다큐멘터리를 본 적이 있다. 원래는 이 프로그램을 즐겨 보진 않는데, 가끔 가다가 괜찮은 걸 건질 때도 있어서 간혹 보곤 한다. 이 다큐를 본 것도 제목이 어쩐지 끌려서 직감적으로 꼭 봐야겠다는 생각이 들었다.

역시! 안 봤으면 참 아쉬울 뻔 했다. 내가 요즘 탐색하고 있던 주제와 맞닿아 있었다. 이 다큐멘터리는 최근 물리학의 트렌드에 관한 주제를 아주 쉽게 설명해주고 있었다. 그걸 더 쉽게 단적으로 표현하자면, 우리가 살고 있는 이 세상은 일정한 '패턴'으로 구성되어 있다는 것이다. 자연계나 인간계나 우리 사회나 모든 방면에서 네트

워크 형태의 패턴이 동일하게 형성돼 흘러가고 있다는 것. 그래서 우리가 그 패턴을 알면 미래를 수치적으로, 계량적으로 예측할 수 있다는 것이다.

왜 이렇게 이해가 잘되는 건지! 한 시간 내내 집중이 잘되고 한 장면, 한 장면 모두 흡수되듯이 잘 받아들여졌다. 왜냐하면 요즘 내가 고민하고 있던 주제와 딱 맞아떨어졌기 때문이다. 정말 그러고 보면 물리학은 철학과 꽤나 상관이 있나 보다. 그래서 물리학을 아주 쉽게 설명해주면 그게 바로 철학적 내용과 통한다.

철학과의 차이라면 물리학은 과학이나 수학 같은 수치와 계량적으로 증명할 수 있는 데이터를 가지고 이야기하는 것이고, 철학은 그 도구가 수치적인 것이 아니라 담론으로 형성된다는 것이다. 이야기하고자 하는 주제는 둘 다 같을 수 있다. 현재의 상황을 관찰해서 미래를 예측하는 본질적인 면은 물리학과 철학이 다를 바가 없다고 본다.

하여튼 이번 주제는 우리가 미래를 어떻게 예측할 것인가, 이 세상은 어떻게 돌아가고 있는가, 등이라서 아주 재미있었다. 그리고 내가 찾아가고 있던 해답과 얼핏 교차점이 보이는 듯해서 몹시 흥미로웠다. 나는 꿈, 즉 인간의 무의식 속에서 어떤 패턴을 찾아서 미래를 예측할 수 있는 문제를 탐구하기도 했다. 그런데 이 세상이 그런 '패턴'으로 되어 있다는 정보에 아주 깊이 공감이 되었다. 인간의 무의식까지 그 패턴이 적용될 수 있다는 생각이 들었다.

## 세상 속에 숨은 '패턴의 공식'을 찾아서

이번에 가장 기억에 남는 말은 'Why not?', 즉 이 패턴의 공식이 자연계에 적용이 되는데 왜 인간의 삶에는 적용이 안 된다는 말이냐? 이 물음이 가슴에 쿵! 하고 와 닿았다. 그래, 결국 인간도 동물이고, 자연의 일부가 아닌가. 그러니 당연히 자연계에 적용되는 패턴이 인간의 사회와 인간의 삶에도 적용되는 게 전혀 이상하지 않지!

전혀 이과적인 인간이 아닌, 오롯이 문과적인 기질의 내가 이렇게 가끔이라도 물리학의 새로운 트렌드를 한 번씩 쉽사리 수혈을 받는 건 뜻밖의 계기로 이루어질 때가 많다. 아주 오래 전에 '나노' 개념이라는 물리학 트렌드도 어떤 쉬운 책을 통해 접할 수 있었다. 드럼 세탁기였나, 한 십 년 전쯤 혹은 이십 년 전쯤이었나, 하여튼 잡지에 소개되어 있는 그 개념에 대해 쉽게 이해하면서 접할 수 있었다. 이처럼 한 번씩 철학의 빈틈을 이어주는 물리학의 트렌드를 수혈해주어야 한다. 요즘은 물리학의 최신 트렌드 중 하나가 네트워크와 허브, 그와 관련된 패턴 개념이라고 한다.

즉, 최근 기사에도 나왔는데 대략 여섯 사람인가를 거치면 세계 누구에게라도 인맥이 닿을 수 있다……, 뭐 이런 재미난 연구였다. 그 연구의 근원이 바로 이 물리학의 패턴 개념이었다. 모든 인간사뿐만 아니라, 자연계, 사회 현상들이 허브를 이루는 네트워크 상태의 패턴을 이룬다는 것이다.

이 프로그램을 보면서 역시 다양한 독서가 필요하다는 생각이 다시 들었다. 교양서라도 물리학 쪽 독서를 해놓지 않았더라면 이 프로그램의 내용이 쉽게 다가오지 않았을 것 같다. 그리고 한편으론 패턴화가 정말 진리라는 사실에 크게 공감했다. 패턴을 바탕으로 내가 탐색하는 꿈의 이론도 더 열심히 연구해봐야겠다는 생각도 들었다. 아마 인간의 무의식도 이 이론에서 크게 벗어나지는 않을 것 같다.

## 헤르만 헤세의 『유리알 유희』처럼

—

인간의 무의식인 꿈도 결국 뇌의 작용 때문이다. 뇌의 활동으로 꿈을 꾸니까 꿈도 결국은 일정한 패턴이 있는 것이 분명하다. 그 이론을 바탕으로 꿈의 실체에 더 접근해나갈 수 있을 것이다. 정말 이 프로그램에서 주장하는 것처럼 '세상은 생각보다 단순할' 수 있다. 그 원리와 패턴만 발견할 수 있으면 말이다.

그러나 인간과 자연과 우주의 실체에 접근해가면 갈수록 이러한 패턴을 만든 존재는 과연 누구인가에 대해 최종 물음이 주어지는 건 당연하지 않을까. 아무것도 없는 상태에서 이 모든 패턴들이 생기진 않았을 테니까. 물론 이 다큐멘터리에서는 이 모든 패턴이 '우연하게' 일어난다는 것이다. 하지만 그 '우연한 패턴'을 누가, 어떤 존재가 세팅해 놓은 것일까. 이 일정한 패턴을 과연 누가, 어떤 존재가 만들어 놓았는가. 아마 그 존재는 글쎄……, 많은 사람들이 신(神)이라고 생각하겠지. 하지만 나처럼 외계인이 아닐까 하고 생각하는 사람들도 더러 있을 것이다. 물론 그 외계인이 영화에 나오는 사람과 닮은 그런 존재는 아닐 것 같다.

어쩌면 그 존재는 에너지의 상태, 파장의 상태로 존재해 있을 수도 있다. 어떤 존재가 궁극의 진화 끝에는 '에너지'나 '파장'이 되어 있지 않을까. 인간도 결국 에너지가 아닐까. 인간이 죽으면 이 육체는 사라지지만 에너지의 근원은 남듯이 말이다. 물론 이것은 하나의 가설이다. 과연 나는 죽기 전에, 즉 육체가 소멸하기 전에 이 궁극적 물음과 대답에 어느 정도 가까이 가 있을 수 있을까.

어차피 다 알 수는 없겠지만, 또 어쩌면 우리가 죽고 나서 파장이나 에너지 형태로 존재한다면 모든 걸 다 알 수 있게 될지도 모르겠지만, 어쨌든 이 우주와 인간과 또 인간이 그 일부인 자연의 실체를 밝혀 나가는 건 정말 이 세상에서 가장 경이로운 일이며 흥미로운 작업이며 즐거운 놀이일 테다.

이런 게 바로 헤르만 헤세의 『유리알 유희』에서 말한 그러한 즐거운 유희가 아닐까. 인간이 유리알 유희처럼 즐길 수 있는 자기 자신의 존재와 이 우주에 관한 깨달음의 과정이 아닐까. 물리학은 철학과 정말 유사한 것 같다. 그동안 철학 관련 책들을 많이 읽어서 그런지 패턴에 대한 방식의 개념에 쉽게 다가갈 수 있었다.

이처럼 독서는 텍스트 자체를 넘어서 어떤 사회 현상이나 학설에도 우리가 마음의 문을 열어둘 수 있도록 해준다. 독서를 하다보면 새로운 사상이나 학설을 만나도 은연중에 마음의 문이 열리는 것이다. 낯선 영역이 무조건 어렵다는 생각을 들게 하는 것이 아니라, 일단 '한번 알아볼까', 하는 도전 의식을 준다. 그러므로 책을 넘어 세상을 이해하기 위해서라도 우리는 삶속에서 지속적으로 독서를 즐겨야 하지 않을까.

어떻게 책을 읽느냐에 따라
인생이 달라진다!

**4 · 북소믈리에의 선택**

Book Sommelier

# 북소믈리에의 추천 도서 100선

"지혜의 샘은 서적 사이로 흐른다."
- 프랑스 속담

이쯤에서 필요한 것은 실질적으로 도움이 되는 추천 도서일 게다. 북소믈리에가 추천하는 도서들은 구체적으로 어떤 것이 있을까. 그 비밀의 리스트를 궁금해 하는 독자들을 위하여 100권의 책들만 추려봤다.

이 목록을 모두 다 읽어야 한다든지, 읽으라는 조언을 하기 위해 제시하는 것은 아니다. 그러니 너무 부담을 가지고 볼 필요는 없다. 단지 이 목록의 대부분은 내가 청소년 시절과 대학교 때 본 책들 중에서 가이드로 삼기에 좋은 표본들이기 때문에 간추려 보았다.

물론 이밖에도 무수히 많은 책들을 읽었고, 또 읽지 못했던 좋은 책들도 많지만, 우리가 독서를 어떻게 할 것인가에 대한 해답을 찾기 위한 과정에서 필요한 데이터라고 보면 된다.

이 목록을 선정한 기준은 일단 고전을 우선순위로 두었고, 동양보다는 서양 고전에 더 많은 비중을 두었다고 보면 된다. 모든 책을 다 실을 수는 없고 단지 이 책의 의도에 맞고 개성이 강해 설명하기 쉬운 표본들을 선택했다는 것을 다시 한 번 강조해둔다.

세상에는 수없이 많은 책들이 있다. 그중에서 고전은 수십 년, 아니 수백 년 이상을 검증받은 책들이라고 볼 수 있다. 나는 고전들이 영양가가 참 많다고 생각한다. 물론 다른 가치관이 실린 여러 종류의 고전들이 있다. 하지만 세상에는 한 가지 가치관만을 갖고 사는 사람들만 모여 있는 게 아니라, 다른 색깔의 가치관을 가진 사람들이 모여 산다. 우리가 함께 사는 이 세상과 사회, 그리고 사람들을 이해하기 위해선 다양한 가치관의 책들을 두루 읽어봐야 할 것이다. 우선은 그렇다는 것이다.

그 다음에는 앞에서도 이야기한 바가 있지만, 자기가 끌리는 가치관이 담긴 책들을 찾아 읽으면 자신만의 독서 스타일이 형성되는 것이다. 일단 100권의 목록을 소개하고자 한다. 이 목록은 우리가 비록 읽지는 못했더라도 익숙한 제목들이 많을 것이다. 자주 들어서 유명한 서양의 고전 문학과 교과서에서 익히 봤을 법한 한국 문학, 그리고 친근한 이름의 동양과 서양 철학자들의 저서이다. 이 목록에는 참 재미있는 책들도 있고, 읽기에 버거운 책들도 있다.

## 재미없는 책들도 계속 읽어라

—

　　내가 강조하고 싶은 것은 재미없는 책들도 꾸역꾸역 읽어 두라는 것이다. 비록 그 책을 읽을 당시에는 이해가 되지 않더라도 무의식속에는 어느 정도 남게 마련이다. 그 책 내용의 색깔이라든지, 흐름이라든지 어쨌든 책의 일부분은 우리에게 남아 있다. 나도 오래 전에 읽었던 책들은 자세한 내용이 생각나지 않지만 그 책이 지향하는 방향이라든가 저자가 주장하는 생각의 색깔이라든가 하는 건 아직도 어렴풋이 남아 있다.

　몸에 좋지만 맛이 없는 음식도 그 원재료의 깊은 맛에 길들여지면 풍미를 느낄 수 있다. 이러한 새로운 맛의 세계로 접어든다면, 혀의 감각을 금방 좌지우지하는 자극적인 음식들이 오히려 맛이 없게 되는 때가 올 것이다. 물론 그때까지 참아가며 맛없게 느껴지는 음식을 먹는 인내심이 필요한 건 사실이다. 그러나 잊지 말자. 우리나라의 건국신화에도 있듯이 100일 동안 쑥과 마늘을 참아가며 먹었던 곰은 인간이 되었지만, 성질이 급한 호랑이는 결국 변신을 하지 못했다.

　우리도 북소믈리에처럼 섬세한 생각의 미각을 갖기 위해서는 어느 정도의 인내심은 필요한 법이다. 세상에는 힘들이지 않고 얻을 수 있는 건 아무것도 없다고 생각한다. 또한 힘들이지 않고 얻어지는 건 누구나 할 수 있어 그 희소성이 적고 그만큼 가치가 떨어진다.

하지만 무한한 인내심과 노력을 필요로 하는 일일수록 한번 내 것
이 되면 잘 잃어버리지 않는다. 또 희소성이 있기 때문에 그 가치도
무궁무진하다.

앞으로도 이 추천 도서 목록을 샘플로 삼아 북소믈리에가 되기
위한 독서법에 대해 이야기를 이어가겠다. 또한 이 100권의 도서
목록을 좀 더 세부적으로 나눠 제목을 붙여 봤다. 와인에게도 각각
다른 풍미의 맛이 있듯이 책들도 그 맛들이 다르다. 그래서 내가 읽
었던 책들도 그 맛을 섬세하게 나눠 봤다. "오늘은 어떤 새로운 독
서의 맛을 느껴 볼까" 하는 기대감을 갖고 책을 마주하면 한결 행
복해질 것이다. 그때 이 가이드를 참고로 하면 좋을 듯하다. 다음에
는 이 세부적인 맛들에 대해 차차 이야기를 나눠 보도록 하자.

**북소믈리에의 추천**
▶ 색깔 있는 작가들의 무거운 바디감과 긴 여운을 맛보고 싶다면!

1. 이방인  알베르 카뮈
2. 죄와 벌  표도르 도스토예프스키
3. 지하 생활자의 수기  표도르 도스토예프스키
4. 말테의 수기  라이너 마리아 릴케
5. 젊은 예술가의 초상  제임스 조이스

**북 소 믈 리 에 의  추 천**

▶ 행동하는 반항아, 어니스트 헤밍웨이의 강렬한 맛을 보고 싶다면!

6. 누구를 위하여 좋은 울리나  어니스트 헤밍웨이

7. 노인과 바다  어니스트 헤밍웨이

8. 무기여, 잘 있거라  어니스트 헤밍웨이


**북 소 믈 리 에 의  추 천**

▶ 헤르만 헤세의 내면을 비추는 은은한 분위기를 맛보고 싶다면!

9. 데미안  헤르만 헤세

10. 수레바퀴 아래서  헤르만 헤세

11. 페터 카멘친트  헤르만 헤세

12. 지와 사랑(나르치스와 골드문트)  헤르만 헤세

13. 크눌프  헤르만 헤세

14. 황야의 이리  헤르만 헤세

15. 싯다르타  헤르만 헤세

16. 유리알 유희  헤르만 헤세


**북 소 믈 리 에 의  추 천**

▶ 숨겨진 인간 본성을 맛보고 싶다면!

17. 지킬박사와 하이드  로버트 루이스 스티븐슨

18. 동물농장  조지 오웰

**북 소 믈 리 에 의   추 천**
▶ 사랑과 낭만의 깊은 풍미를 음미하고 싶다면!

**북 소 믈 리 에 의   추 천**
▶ 셰익스피어를 통해 인간사의 비극을 맛보고 싶다면!

**북 소 믈 리 에 의  추 천**
▶ 여성의 삶에 대해 다양한 시선을 맛보고 싶다면!

**북 소 믈 리 에 의  추 천**
▶ 인간의 삶에 대해 깊은 재미를 맛보고 싶다면!

**북 소 믈 리 에 의  추 천**
▶ 평범하지 않고 좀 더 색다른 재미를 맛보고 싶다면!

**북 소 믈 리 에 의  추 천**
▶ 고전적 시선으로 인생과 사랑을 맛보고 싶다면!

43. 첫사랑 투르게네프

44. 좁은 문 앙드레 지드

45. 아버지와 아들 투르게네프

**북 소 믈 리 에 의  추 천**
▶ 실존주의를 문학이 주는 감성으로 맛보고 싶다면!

46. 구토 사르트르

47. 페스트 알베르 카뮈

**북 소 믈 리 에 의  추 천**
▶ 순수함의 절정이 담긴 감성을 맛보고 싶다면!

48. 적과 흑 스탕달

49. 무정 이광수

**북 소 믈 리 에 의  추 천**
▶ 극과 극의 감정을 맛보고 싶다면!

(※주의사항 : 반드시 두 책을 연달아 동시에 읽을 것, 그렇지 않을 경우 극과 극의 맛 체험을 책임지지 못함.)

50. 어린왕자 앙투안 마리 로제 드 생텍쥐페리

51. 데카메론 복카치오

**북 소 믈 리 에 의  추 천**

▶ 달달하고 재미있는 스토리를 맛보고 싶다면!

**북 소 믈 리 에 의  추 천**

▶ 한국 문학사의 다양성을 맛보고 싶다면!

**북 소 믈 리 에 의  추 천**

▶ 철학적 지성이 감성에 녹아든 독특함을 맛보고 싶다면!

**북 소 믈 리 에 의  추 천**

▶ 인간의 숨겨진 진실을 맛보고 싶다면!

**북 소 믈 리 에 의  추 천**

▶ 꿈과 신화, 그리고 무의식의 신비함을 맛보고 싶다면!

**북 소 믈 리 에 의  추 천**

▶ 미셸 푸코가 전해주는 강렬한 코페르니쿠스적 전환을 맛보고 싶다면!

# 책과 내 생각에도 색깔을 입혀라

"사람의 품성은 그가 읽는 서적에 의해서 이를 알 수가 있다."
- 스마일즈

흔히 철학이 어렵다는 생각을 막연하게 한다. 물론 철학이 쉽다는 이야기를 하자는 게 아니다. 다만 철학이 꼭 어려울 수밖에 없다는 고정관념을 가질 필요는 없다는 것이다. 우리는 철학을 철학의 길로만 마주하는 것이 아니라, 문학을 통해서도 철학으로 쉽게 갈 수 있고 삶의 지혜를 찾을 수도 있다.

'철학이 밥 먹여 주나'라는 앎 자체를 비아냥거리는 말들도 있지만, 사실 자신의 삶에 대한 철학이 있다면 인간이 살아가는데 중요한 삶의 지도가 될 것이다. 흔히 성공한 사람들이 결정적인 순간에 좌절을 맛보고 한순간 목숨을 버리는 것도 이 '밥'만 쫓다가 결국 철학을 챙기지 못한 결과가 아닐까.

그래서 철학은 엄밀히 말해서 인간 삶에 가장 실질적이고 현실적인 대안이라고 나는 생각한다. 철학 중에서도 현실 속에서 살아가는 사람들에게 가장 필요한 것은 삶에 대한 해답을 좀 더 쉽게 알려주는 게 아닐까.

　　내가 철학에 관심이 생긴 것은 문학을 통해서였다. 특히 프랑스에서 1940, 50년대 유행했던 실존주의 문학의 영향에서다. 흔히 실존주의 문학을 대표하는 작가로 프랑스의 사르트르와 카뮈 등을 드는 것이 일반적이다. 물론 실존주의라는 철학적 용어를 문학적으로 어떻게 대응시키느냐의 문제는 엄밀하게 보면 유동적이다. 실존주의의 의미를 넓게 해석하느냐, 좁게 해석하느냐에 따라 실존주의 작가들을 포함시키는 카테고리의 영역은 달라질 것이다.

　　그러나 이 책에선 우리가 철학에 대해 논한다기보다는 독서에 대한 이야기를 하고 있기 때문에 두루뭉술하게 실존주의의 범주를 생각하기로 하자. 실존주의를 언급하는 것은 그 자체의 본질적 의미보다는 독서의 흐름을 어떻게 잡아가느냐를 설명하기 위해 도구적으로 사용하기 때문이다.

# 색깔 있는 작가들의 그 '색깔'에 주목하라

—

　　　　사실 우리는 바쁘게 살아가면서 '인간이란 무엇인가'라는 근원적 질문을 할 틈도 없고, 하물며 그 해답을 찾으려고 노력할 마음의 여유조차 없다. 그러나 개인적으로 봤을 때에는 크나큰 충격을 받거나 믿었던 사람의 배신이 있거나 인생의 큰 좌절, 가까운 사람의 죽음 등등에 의해 이 근원적 질문에 내몰릴 때가 있기 마련이다. 개인을 떠나 국가적으로나 사회적으로 봤을 때도 온 국민을 충격으로 몰아넣는 큰 재앙을 맞이했을 때가 역시 그렇다. 사람이 산다는 게 참 뭘까………. 인간의 힘으로는 어찌할 수 없는 대지진이나 홍수, 사고 등 참담한 재앙 앞에선 이런 의문이 자연스럽게 떠오른다.

　집단적으로 인간들이 가장 큰 쇼크 상태에 빠질 때에는 바로 모든 것을 파괴시키는 전쟁 앞에서이다. 그래서 그런지 제2차 세계대전을 전후한 20여 년간의 기간 동안 실존주의 문학이 활발하게 나타났던 것은 어찌 보면 당연한 현상일 것이다. 21세기 현재 대한민국에 살고 있는 우리들이 어쩌면 한물 간 실존주의를 다시 읽어야 할 까닭도 여기에 있는 것 같다.

　내가 생각할 때 실존주의는 인간의 일생에서 한번쯤은 그 흐름을 맛보고 지나가야 할 통과의례 같은 독서의 한 축이다. 특히 가장 예민한 시절인 청소년기에 문학을 통해 실존주의를 알고 가는 것은 중요한 일이다. 청소년기에는 인생에 대한 질문을 가장 많이 하는 시기이기 때문이다. 그리고 어른이 되어가면서도 가끔씩 현실 속에서 길을 잃고 헤맬 때 꼭 필요한 문학의 영역이 실존주의라고 생각한다.

자, 지금 이 순간 모든 것을 접고 하나의 생각만 떠올려 보자. 오늘 우리는 밥을 먹고 학생이면 학교에 갈 것이고, 직장인이면 회사에 갈 것이고, 이러한 쳇바퀴 도는 생활을 계속하고 있다. 그런데 매일 되풀이되는 이 생활의 끝엔 과연 무엇이 있을까. 그건 바로 모두가 인정하고 싶어하지 않는 '죽음'이다. 우리는 단적으로 말해 그렇다면 죽기 위해 태어난 것일까. 우리가 아무것도 안 하든, 열심히 인생을 살든 결국 누구나 언젠가는, 삶의 마지막에는 죽음을 맞이한다는 사실이다.

그럼 이렇게 태어나서 죽음을 향해 가고 있는 우리는 누구일까. 우리의 시작은 어디였을까. 엄마의 뱃속에서 생명이 잉태되어 시작된 우리의 삶은 이렇게 끝나고 마는 운명을 갖고 있다. 그렇다면 왜 우리는 이렇게 시작과 끝이 있는 삶을 살아야 하는 걸까. 이런 질문들을 평소에는 잘 하지 않지만, 인생에 대한 궁금증이 많은 청소년기에는 꼬리에 꼬리를 무는 무수한 질문들을 떠올릴 법도 하다. 갑작스런 이별이나 인생의 불행 앞에서 삶에 회의를 가지는 어른도 마찬가지다.

어른이 되어서는 타성에 젖어서 그냥 생활하다가 죽음이 목전에 다가오는 나이가 되면 이런 질문들을 떠올릴까. 혹자는 배가 불러서 할 짓이 없어 하는 생각들이 이런 철학적인 질문이라고 말할 수도 있다.

그러나 과연 그럴까. 배가 불러서 이런 생각을 하는 게 아니라 우리 자신의 근원적 존재에 대한 강렬한 호기심이나 앎에 대한 갈증 때문이 아닐까.

사르트르나 카뮈는 이런 질문에 해답을 준다. 적어도 이런 질문들에 대한 생각들을 하게끔 도와준다. 나는 청소년기 때 사르트르와 카뮈 등을 통해 실존주의에 입문할 수 있었다. 그리고 실존주의라는 카테고리를 품고 있는 철학이라는 학문에도 강한 이끌림을 느꼈다. 결과적으로 이런 이끌림이 대학을 갈 때에도 철학과를 선택하게 했고, 제도권 속의 철학자는 아니더라도 생활 속의 철학자가 내 삶의 목표가 되었다.

물론 나처럼 이렇게 실존주의 관련 책이 진로 선택에도 영향을 주는 건 극단적인 경우이다. 다만 우리가 실존주의 관련 문학을 독서하는 것은 자기 삶의 군데군데 도사리고 있을 좌절 같은 함정에 빠지더라도 그 속에 갇혀 있지 않고 빠져나올 수 있는 탈출구를 하나쯤 준비하는 것이라고 생각하면 좋을 것이다. 실존주의를 통해 우리는 존재에 대한 질문과 답을 알아가는 과정에서 삶의 위기를 견디게 해주는 내공을 얻을 수 있다.

## 책의 흐름을 따라가는 독서를 하라

　알베르 카뮈의 『이방인』에서 주인공 뫼르소는 어머니의 죽음을 통보 받은 이후 권총의 방아쇠를 당겨 아랍인을 살해한다. 그리고 어머니의 장례식을 치른 바로 다음날에는 해수욕을 즐기며, 코미디 영화를 보고, 심지어 정사를 나눈다. 어머니의 죽음 앞에서 전혀 슬퍼하지 않는 뫼르소의 상황은 뭔가 굉장히 부조리해 보인다. 뫼르소가 그 아랍인을 죽였던 이유는 단 한 가지였다. 햇빛이 너무 눈부셨기 때문이라나.

　이 줄거리를 굳이 알 필요도 없다. 독서라는 것은 암기가 아니라 흐름을 그저 쫓아가는 것이라고 생각한다. 우선 독서와 친해지려면 '내가 이 책을 읽고 모든 것을 알아야겠다'라는 심각하고 장엄한 다짐을 하는 어리석음은 범하지 않는 것이 좋다.

　책을 읽는다는 것을 의무처럼 집착해서 강박관념으로 변해선 안 된다. 무슨 숙제를 한다든지, 의무를 행한다든지 하는 숙명적인 자세로 책을 대한다면 독서는 자신을 옥죄는 또 하나의 감옥이 될 것이다.

　그냥 책의 흐름에 자신을 맡겨라. 그 내용을 다 알 필요도 없고, 알아야 할 이유도 없다. 좀 모르면 어떠랴. 누군들 뭔가를 처음에 대하면 다 알 수 있나. 어떤 사람을 처음 만나도 우리는 대번에 그 사람을 다 알지 못한다. 모든 게 다 그러한데 왜 꼭 책만은 열외로 둬야 한다는 멍에를 지워야 하는가. 불공평하지 않는가.

　그렇다. 계속 그 흐름에 맡기는 독서를 한다면 언젠가는, 사람에 따라 차이는 있겠지만, 한 100번째 혹은 1,000번째 책쯤에 가서는 그 흐름과 내용의 이해가 함께 따라오지 않을까. 물론 그때가 지나도, 아무리 기다려도 그렇게 안 된다면? 그래도 상관 없다! 이때 100번째, 1,000번째 책이라는 것은 같은 책을 반복해 읽는다는 의미가 아니라 그냥 다른 책들을 읽는 것이다. 장르나 내용은 전혀 달라도 책을 계속해서 읽다 보면 언젠가 도(道)가 트이는 순간이 온다. 옛날 사람들 말을 빌리자면 문리(文理)가 트인다고 하지 않는가.

　하지만 이 또한 트이지 않아도 상관이 없다. 그냥 독서의 흐름을 즐겨라. 따라가라. 그러다 보면 하나의 책을 읽으면 최소 한 가지는 남게 되는 게 있다. 그거면 족하다. 그런 것들이 모이다 보면 생각의 근력이 키워지는 것이다. 또 시간이 흐르면 책 내용도 다 잊어버리게 마련이다. 나도 중학교 때 정독을 했던 카뮈의 『이방인』의 구체적인 내용은 거의 다 잊어버렸다. 그러나 그 흐름은 남아 있다. 그 흐름 덕분에 다른 책들을 읽으면서 언급되는 카뮈의 『이방인』에 대한 흐름을 또 받아들이고, 다시 상기하고, 그 흐름에 색깔을 덧입히고 하는 작업이 계속되어온 것이다.

## 질문에 대한 해답을 주는 독서를 하라

━━

　　　　우리나라 교육이 항상 내용의 암기, 구체적 사실의 기억 등은 중요시하는 반면에 그 내용의 흐름을 잡아내는 훈련에는 무척 소홀히 해온 것이 사실이다. 독서도 마찬가지다. 엄마들은 책의 내용만을 줄줄이 읊어대는 아이의 독서 후 태도를 칭찬한다. 사실 관계를 외우는 건 컴퓨터를 찾아보면 쉽게 알 수 있다. 하지만 그 작가의 문학 색깔, 흐름을 파도타기처럼 하는 능력은 인간의 사고만이 할 수 있다. 어릴 때에도 독서 후에 부모들은 아이가 그 책을 읽고 어떤 사실을 기억하고 외우고 있는지 물어볼 게 아니라, 그 책의 흐름이 어떠했는지, 아이가 그 책의 흐름을 타고 어떤 상상을 이어가는지 물어보는 질문을 해주는 게 크게 도움이 될 것이다.

　하여튼 실존주의는 기존에 있던 것에 대한 낯설음, 인간이 어느 순간 우연히 내던져진 존재라는 사실에 주목한다. 우리가 이 세상에 있는 인과관계가 있는가. 우리가 왜 이 땅에 이렇게 누구의 자식으로 태어나 살아가고 있는가에 대한 뚜렷한 이유를 알 수 있는가. 과연 정말 우리는 이유 없이 이 세상에 왔다가 이유 없이 사라져버리는 존재들일까.

　누군가는 금 수저를 물고 태어나고 또 어느 누군가는 태어나자마자 부모 손에 버려져 죽어가는 생명도 있다. 너무 극단적인 대조를 했지만, 하여튼 인간이란 존재는 어떤 인과관계와 상관없이 그냥 이 세상에 던져졌고, 또 사라져가는 이유를 알 수 없다. 그렇기 때문에 그 해답을 찾는 건 어쩌면 당연한 일이다.

그러면 이쯤에서 이런 질문이 생각날 수도 있다.

"그럼, 뭘 어쩌자는 건데? 우리가 우연히 던져진 존재고, 어차피 죽는 숙명을 타고난 존재라면 그냥 쉽게 지금 자살해버려도 아무 상관이 없겠네!"

그래, 그렇게 쉬운 해답이라면 우리가 애써 책을 읽거나 질문을 던지거나 그 질문에 대한 해답을 찾을 필요도 없겠지. 우리가 자살이라는 손쉬운 해답 대신, 어떻게 살아야 하는지에 대한 이런 질문까지도 답을 해줄 수 있거나 적어도 그 과정을 탐색해볼 수 있도록 안내해주는 게 바로 책이다. 물론 우리 곁에는 그렇지 못한 책들도 많지만, 적어도 우리가 여기서 이야기하는 건 그런 엄밀한 의미에서의 책들을 말한다.

제임스 조이스의 『젊은 예술가의 초상』은 모더니즘 계통의 문학이다. 모더니즘은 기성 문학의 형식과 관습에 대해 반발하는 실험적이고 전위적인 경향의 문학을 가리킨다고 사전에 정의되어 있다. 그러나 여러 번 강조하지만 이런 정의가 중요한 것은 아니다. 여기에서도 흐름을 찾아야 한다. 크게 보면 실존주의도 이 모더니즘의 범주에 속한다고도 할 수 있다. 그런 맥락에서 제임스 조이스의 『젊은 날의 초상』도 꼭 읽어볼 필요가 있다.

## 자신의 생각에도 다양한 무늬의 색깔을 물들여라

—

　　자, 그냥 한 가지만 기억하자. 기존의 어떤 형식과 틀에 소위 '반항'하는 자세를 가진 작가들의 그 색깔에 주목하자는 말을 하고 싶어서 여기까지 온 셈이다. 그냥 '색깔'이라고 하면 도대체 그 색깔이 뭔데, 라는 질문이 되돌아올 수 있기 때문이다. 그래서 할 수 없이 실존주의, 모더니즘 같은 용어를 끌어온 것이다. 하지만 이런 용어들은 다 잊어도 좋다. 우리가 그런 문학적 사조들을 용어별로 나눠서 그 의미를 탐색하자는 게 이 책의 목적이 아니라는 것을 기억하자.

　　내가 추천한 색깔 있는 작가들, 알베르 카뮈, 도스토예프스키, 니체, 제임스 조이스 등은 쉽게 말해 '반항아'들이다. 이 작가들의 작품들 흐름은 대부분 반항적 흐름이 담겨져 있다. "네, 그렇습니다"라는 식의 흐름은 찾아볼 수 없다. 이 작가들이 쓴 책들은 기존에 존재하던 것들, 우리가 당연시하는 것들에 대한 '궁금증'을 갖고 '덤비는' 자세를 갖고 있다. 헤밍웨이도 마찬가지다. 헤밍웨이는 1952년 『노인과 바다』로 1953년 퓰리처상을 받고, 1954년 노벨문학상까지 수상한 미국의 소설가로 알려져 있다. 하지만 그는 제1차 세계대전 당시에는 의용병으로 자원해 프랑스에 갔고, 스페인 내전에도 종군기자로 참여한 바 있다.

　　이런 경험들이 반영된 헤밍웨이의 소설들을 하드보일드 문학이라고 한단다. 하드보일드 문학 사조란, 1920년대부터 미국 문학에 나타난 창작 태도를 가리키며 현실의 냉혹하고 비정한 일을 감상에 빠지지 않고 간결한 문체로 묘사하는 수법이라고 역시 사전에 정의되어 있다.

여기서 중요한 것은 이런 색깔 있는 작가들의 공통점은 인류가 겪어내야 하는 엄청난 불행인 전쟁 같은 큰 재앙들을 겪은 세대라는 것이다. 인류의 역사에서도 이런 대참사 앞에서 인간은 기존에 따라왔던 관념이나 제도 앞에서 강한 물음표를 던지게 되는 것이고, 개인사에서도 마찬가지다. 정신적으로나 물질적으로 뭔가 큰 타격이 왔을 때 인간은 공황 상태에 빠지게 되고, 그걸 이겨내기 위해 존재론적 물음에 대한 해답을 찾으려고 노력한다.

상대적이긴 하겠지만 어떤 어려움도 맞닥뜨리지 않고 평생을 살아가는 인간은 없다. 그 위기에 대한 해답을 찾는 '보험'이 바로 독서이다. 미리 보험을 들어 독서를 해놓은 사람들은 위기의 순간에 잘 대처한다. 그러나 현실 속에서 건강보험에만 목을 매고 정신적 보험에 소홀히 했던 사람들은 사소한 위기 앞에서도 길을 잃거나 좌절해서 일어나지 못할 수도 있다.

자신의 생각에 이제 색을 입히자. 색깔 있는 작가들의 작품을 읽으며 계속 덧입혀나가면 된다. 옷감에 색이 물들듯이 자신의 생각에도 그 흐름들이 젖어들 것이다. 자신의 생각에 다양한 무늬의 색깔들을 물들이면 그것이 나중에는 자신의 존재 방식이 된다.

# 책 속에서 롤 모델을 건져 내라

"책은 위대한 천재가 인류에게 남긴 유산이며,
아직 태어나지 않은 자손들에게 주는 선물이다."
- 애디슨

　예전에는 한국인이 가장 사랑하는 외국 작가 중 한 사람이 헤르만 헤세라는 통계가 뉴스에 자주 등장하곤 했다. 나 역시 청소년기때 헤르만 헤세의 광팬이었다. 그래서 그런지 우리나라 사람들이 왜헤르만 헤세를 제일 좋아하는지 무척 궁금해 했던 기억이 있다. 오랫동안 그 답을 정확히 찾지 못했는데, 요즘 생각해 보니 좀 알 것도 같다. 원래 그 문제의 안에 있을 때에는 객관적으로 바라볼 수없기 때문에 답을 찾기 어렵다. 하지만 한 발자국 벗어나 있으면 오히려 잘 보일 때가 있다.

　사실 요즘 나는 이제 예전만큼은 헤르만 헤세의 신봉자가 아니다. 그렇다고 헤르만 헤세가 싫어졌다는 것이 아니라 어릴 때만큼 순수하고 열정적으로 좋아하지 않는다는 의미일 것이다. 그럼에도 이 책을 비롯해 여러 곳에서 헤르만 헤세를 자주 언급하는 나를 볼 때면 아직도 헤세의 그늘 아래 있구나, 하는 생각은 든다.

어쨌든 이제 와서 보니까 우리나라 사람들의 정서와 헤르만 헤세의 동양적인 감수성이 맞아떨어져 한국인에게 친숙한 외국 작가가 된 게 아닌가 싶다. 또한 헤세가 겪었던 청소년기의 상황과 우리나라 교육 환경의 억압적인 분위기가 비슷해서 공감이 되는 부분이 많지 않았을까. 한편으로 헤세는『데미안』같은 성장기 소설이 대표적인데 우리나라도 국가적으로 볼 때 역사적으로 성장기에 있어 그랬던 건 아닐까.

어쨌든 나는 헤르만 헤세를『데미안』을 통해 처음 만나 인생의 긴 시간동안 롤 모델로 삼았다. 그래서『수레바퀴 아래서』에 필을 받아서 고등학교 때에는 그 소설의 주인공처럼 서점에 취업을 하기도 했다. 물론 그 발칙한 시도는 하루인가, 사흘인가 기억도 잘 안 나지만 삼일천하도 되기 전에 막을 내렸다. 현실은 소설과 달랐기 때문이다. 헤르만 헤세가 살았던 시대의 서점과 내가 살고 있는 대한민국의 서점은 달랐다.

헤세가 살았던 시대의 서점은 책을 읽으며 작가의 꿈을 키워가는 낭만적 요소가 있었다. 하지만 내가 잠시 근무했던 서점은 그런 소설 속 분위기가 아니었다. 하루인가, 며칠인가 만에 난 두 손을 들고 말았다.

요즘 청소년들이 아이돌 가수들을 좋아하는 것처럼 그 당시 내겐 헤르만 헤세가 우상이었다. 실제 헤세의 삶에서도 그의 소설 속 주인공들처럼 서점에서 근무한 적이 있었던 걸로 알려져 있다. 『수레바퀴 아래서』 등은 자기가 실제로 겪었던 학교생활 경험을 소설화한 작품들이라고 한다.

하여튼 해프닝으로 끝나버린 나의 '헤세 따라하기'는 고등학교 졸업 무렵의 에피소드로 남아 있다. 하지만 그 사건은 그만큼 내가 그 당시에 헤르만 헤세에 빠져 있었다는 기억의 흔적이 되었다.


## 인생의 멘토를 책에서 찾아라

나는 헤르만 헤세를 롤 모델로 삼았지만 소설가는 되지 못했다. 니체를 만나고부터는 꿈이 철학자로 바뀌었기 때문이다. 하지만 '자아를 찾는 삶'은 꾸준히 이어왔다. 그래서 살아오면서 넘어질 때마다 헤르만 헤세의 『데미안』을 읽으며 초심의 나를 찾곤 했다. 나는 중학교 1학년 때 『데미안』을 처음 읽고 연례행사처럼 매년 한 번씩 『데미안』을 처음부터 끝까지 정독을 하곤 했다. 그러면서 『데미안』을 그렇게 한 번씩 읽는 것이 나를 다잡는 신성한 의식이라고 생각했다. 그리고 십수 년이 지나고부터는 매년은 아니지만, 삶이 나를 속일 때마다 『데미안』을 붙들고 그 위기를 극복해왔다.

독서를 통해 자기의 롤 모델을 찾아 놓는 것은 아주 중요하다고 본다. 우리 주변에서 롤 모델을 찾기 힘들다면 책 속에서 찾는 게 더 쉽고 빠르다. 주변에 롤 모델을 삼을만한 사람이 그리 흔한 건 아니니까 말이다. 하지만 책 속에는 이제까지 검증된 사람들이 많이 기다리고 있다. 이 때문에 그들 삶의 색깔과 향기를 보고 느끼며 자기가 끌리는 사람을 택하면 된다.

나는 『데미안』 덕분인지, 헤르만 헤세 덕분인지, 그리고 그가 인도한 수많은 책들의 오솔길을 따라 온 덕분인지 30대부터는 더 이상 『데미안』에 기대지 않고도 마음속 위기를 버텨낼 수 있는 내공이 생겼다.

'실패는 지는 것이 아니지만, 포기하는 것은 지는 것이다'라는 신념이 생긴 것도 모두 헤르만 헤세가 단단히 길러준 생각의 근력 때문이 아닐까 싶다. 우리는 살면서 수없이 크고 작은 실패를 한다. 모두가 다 뛰어나게 잘난 사람들이 아니기 때문에 어떤 특별한 성과를 내지 못하고 업적도 쌓지 못해 의기소침해질 수도 있다. 또는 남들과 비교해 자신의 삶이 보잘 것 없이 느껴질 때도 있다.

그러나 자기만의 롤 모델이 있다면 그 목표가 바다의 등대처럼 자신에게 인생의 길을 비쳐줄 것이다. 헤르만 헤세를 인생의 멘토로서 우선 추천하는 이유는 그가 이 우주의 기본인 자기 자신에게 무게 중심을 두라고 강조했기 때문이다. 자기 자신을 찾는 일에 성공한다면 남과 비교하는 삶을 더 이상 살 필요가 없다. 자아가 이 우주의 기본이다, 이 세상의 중심이다, 인간은 소우주이다, 라는 동양철학의 중심 사상이 헤르만 헤세의 작품들에 깔려 있기 때문이다. 우리는 '거기서부터' 시작하면 된다.


## 롤 모델을 찾으면 자신을 신뢰하게 된다

　　　자기가 하나의 우주라는 사실을 깨닫는다면 더 이상 남들과 비교하는 삶을 살면서 자신을 혼낼 필요도 없다. 인간은 그 자체로 하나의 우주이기 때문에 완전하다. 단지, 그 진리를 깨닫지 못하기 때문에 불행할 뿐이다.

　독서는 이러한 깨달음을 준다. 자, 잠시 앞에서 언급했던 질문으로 되돌아가 볼까. 인간이 우연히 이유도 없이 이 세상에 내던져진 존재이기 때문에, 아무 의미도 없을 수 있는 이 삶을 계속 살아야 하는 걸까. 아니면 그냥 지금 당장이라도 자살을 해버리는 게 나은 걸까. 이런 질문을 할 수도 있다고 했다. 이쯤에서 답이 어렴풋이 나온다.

　인간이 하나의 소우주라면 그 우주를 구성하는 구조라든지, 그 소우주의 에너지 흐름이라든지, 이런 것들을 우리는 우주의 중심체로서 느끼다가 가는 것이다. 죽음이 이러한 소우주의 진정한 소멸일까. 그건 현재로선 아무도 장담할 수 없다. 하지만 물론 난 아니라고 생각한다. 죽음 이후 인간의 존재는 여전히 에너지로 남아 있을지도 모른다. 그런데 그 에너지가 현재 우리 존재와 어떤 동일성을 지닐 수 있는지, 거기까지는 아직 구체적으로 잘 모르겠다. 살아가면서 앞으로 계속 탐구해야 할 과제인 것 같다. 어쨌든 하던 이야기를 계속 해보자면 인생이란 이 소우주인 우리 자신을 깨닫고 더 넓은 광활한 우주와의 연결성을 깨닫는 과정이 아닐까.

하여튼 나는 헤르만 헤세라는 인생의 멘토를 따라 오다보니 인간과 삶에 대한 이러한 정의까지 도달했다. 누구나 인생에 대해 내리는 해답은 다를 수 있다. 정답은 아직까지는 아무도 모르니까 말이다. 그리고 어쩌면 정답은 획일적으로 하나로 정해져 있는 것이 아닐지도 모른다.

단지, 내가 강조하고 싶은 건 어쨌든 우연히 던져진 이 삶을 제대로 견뎌내려면 인생에서 멘토 하나쯤은 있어야 한다는 것이다. 그 멘토 또는 롤 모델을 책에서 찾자. 그 작업이 청소년기에, 혹은 늦더라도 어느 시점에 이뤄져야 삶이 흔들리지 않고 좀 더 편하게 살 수 있을 것이다. 이때 '편하다'는 의미는, 일반적인 뜻이 아니라 보다 '자기 뜻대로' 살아진다는 의미다. 수월하게 자기가 의도한 대로 살아진다는 뜻으로 이해하면 좋겠다.

이쯤에서 한국인이 가장 사랑했고, 또 한때 내게 삶의 안내자였던 헤르만 헤세의 이야기는 접겠다. 그리고 2004년 지역 신문에 기자로서 내가 『데미안』 책을 소개했던 글을 덧붙이기로 한다. 내 인생에서 『데미안』이 어떻게 니체로 연결되었는지 이 글을 다시 읽어보니 선명해진다. 대학교 때 내가 썼던 졸업논문 제목은 '니체의 선과 악의 이분법을 넘어서'였던 걸로 기억된다. 그 소논문을 쓰기까지 나비의 날갯짓처럼 헤르만 헤세의 『데미안』이 있었던 셈이다. 독서를 통해 만난 우리의 멘토는 우리를 어디로 이끌 것인가. 각자 자신이 선택한 멘토가 자신을 인생의 어느 지점쯤으로 데려갈지 궁금하지 않는가. 독서를 통해 자신만의 롤 모델, 혹은 멘토를 꼭 만들어 보기를 다시 한 번 권유한다.

## 헤르만 헤세의 『데미안』을 읽고

—

     누구나 자기 자신에 대해서 잘 알고 있다지만 자신을 진정으로 잘 아는 사람은 얼마나 될까. 그리고 알려고 노력하는 사람도 그리 많지는 않을 것이다. 많은 사람들은 자신의 진정한 모습보다는 외부세계에 더 많은 관심을 가진다. 자기 자신이 결국은 자기 삶의 중심이고, 더 나아가 우주의 중심인데도 말이다. 외부세계의 많은 사회현상들이 있지만, 내부의 자아에 대한 생각이 바로 서지 않는다면 외부와의 관계도 혼란스러울 경우가 많다.

　이런 의미에서 헤르만 헤세의 『데미안』은 어떤 문학작품보다 자신의 세계에 도달할 수 있는 친절한 안내자다. 그리고 그 안내는 인간의 심리에 내재돼 있는 의식과 무의식의 사이를 넘나들며 인간 의식의 진실에 바탕을 두고 있다.

　선과 악의 이분법 속에서 '선한 세계'에 속한 『데미안』의 싱클레어는 또 다른 세계가 있다는 것을 발견하는 것으로 낯선 외부 세계와 맞닥뜨린다. 그 마주침으로 싱클레어는 자신의 내면에도 그러한 어두운 면이 존재한다는 것을 발견하게 된다.

　인간은 내적으로 숨겨진 무의식의 세계가 있으며, 그것은 자신의 본성과 관계한다. 싱클레어는 악의 세계로 대표되는 낯선 존재인 크로머를 통해 '또 다른 세계'를 경험하게 되는 것이다. 이 과정은 외부세계로 나타나는 '악의 세계'와의 우연한 마주침뿐만 아니라, 자신의 본질적인 악의 본성, 더 나아가 '아프락삭스'라고 하는 선과 악을 모두 상징하는 존재로 귀결된다.

　이 책에 전체적으로 흐르는 '선과 악', '남성과 여성', 등 두 극단이 한 인간 안에 모두 잠재돼 있다는 메시지는 인간심리에 시사하는 바가 크다.

　니체의 『선악의 피안을 넘어서』에서 주장하는 것처럼 헤세가 말하는 것도 선과 악이 인간의 보편적 잣대로 나눌 수 없다는 것을 말하고 있는 것같이 보인다. 악의 세계를 꼭 배척해버려야만 하는 것으로 정의하지는 않는다. 그 이유는 인간의 무의식 속에는 선과 악의 두 가지가 모두 공존해 있기 때문이다. 단지 의식 속에서 우리는 '선의 세계'에 살고자 노력하며, 그것만이 진리라고 배워왔기에 '악의 세계'는 무의식 속에 남겨두려 노력하는 것이다. 마치 싱클레어가 어른이 되어서도 크로머의 휘파람 소리의 환청에 오싹하는 것은 인간이 무의식 속에 남겨진 '또 다른 세계'에 대한 학습된 두려움을 간직하고 있기 때문이다.

그러나 여기서 주의해야 할 점은 '악의 세계'라는 것이 상징화되어 있다는 것이다. 예를 들어 성적인 것 역시 어떤 시대에는 '절대악'으로 간주되었던 것을 볼 때 인간의 내면에 간직한 본성이 때로는 무의식 속에 남겨둬야 할 '어두운 세계'의 존재였던 것이다.

헤세는 이런 인간의 본성에 대한 자아의 발견을 향해 달려가고 있다. 그는 니체처럼 인간이 이성적 존재뿐만이 아니라 본성적 존재라는 것을 재확인하는 과정을 보여준다. 즉, 인간은 의식적으로 추구하려는 '밝은 세계', 이성이 지배하는 세계에 속하는 존재지만, 여전히 또 다른 면에는 '어두운 세계', 즉 소위 본성이 지배하는 세계에 속하는 존재이기도 하다는 것이다.

인간에게 '어두운 세계'는 여러 가지의 형태로 존재할 수 있다. 또한 한 인간의 다양한 경험으로 남겨질 수도 있다. 그것이 이성에 의해 억압되고, '밝은 세계'에 의해 저 의식 깊은 곳으로 내려간다면, 자신의 완전한 모습을 알 길은 영영 없는 것이다. 그리고 그 숨겨진 기억은 어떤 형태로든 의식 밖으로 또 다른 모습으로 꾸물꾸물 기어 올라올지도 모른다.

그렇다면, 헤세가 『데미안』에서 궁극적으로 말하고자 하는 것은 무엇일까. 즉, 인간은 내부의 목소리에 귀 기울여 자신의 진정한 모습을 찾아야 한다는 것이다. 이것은 동양의 자신을 성찰하는 사상에 영향을 받았다고도 볼 수 있다. 내면에의 간절한 탐구, 자아의 발견, 그 후에 세상은 새롭게 창조되는 것이다. 그리고 그 세상이야말로 반쪽만의 세상이 아닌, '완전한 세계'인 것이다. '밝은 세계와 어두운 세계' 그리고 '내면의 세계와 외부의 세계'가 합일된 새롭고 완전한 세상, 즉 아프락사스로 상징화된 세계의 모습이다.

자, 지금부터 진짜 자기 자신의 모습을 만나보고 싶다면 조금은 마음을 가다듬고 『데미안』의 책장을 열어보도록 하자.

# 생각의 섬세한 돌기를 만들자

"우리가 읽어야 할 것은 그 말이 아니라
그 말 뒤에 있다고 느끼는 그 사람이다."
- 버틀러

  앞에서 추천한 도서 100선의 목록은 꼭 그 책들을 다 읽어야 한
다는 것도 아니고, 읽을 필요도 없다. 단지 북소믈리에가 되기 위한
과정을 설명하기 위한 샘플 도서들이고, 또 나는 그 책들의 목록을
따라왔다는 예시를 들기 위한 도구였다. 독서 가이드로서 참고로
하면 좋을 책들이라는 것만 알아두자.

  그런데 그 책들 중에서 꼭 읽었으면 좋을 책들은 도스토예프스
키의 『카라마조프가의 형제들』, 니코스 카잔차키스의 『그리스인
조르바』, 사무엘 베케트의 『고도를 기다리며』, 프란츠 카프카의
『변신』, 에리히 케스트너의 『마주보기(시집)』, 알렉산드로 솔제니친
의 『이반 데니소비치의 하루』 등이다.

이 중에서 『이반 데니소비치의 하루』는 솔제니친이 1962년 발표한 소설인데 스탈린 시대의 강제수용소에서 주인공이 하루 동안 지내는 이야기를 감정이 섞이지 않은 필체로 담담하게 묘사한 것으로 유명하다. 내가 이 책을 읽게 된 건 아주 우연적이었는데, 초등학교 고학년 때인지 기억이 잘 나지 않지만 우리 집 방바닥에 누렇게 변색된 헌책이 굴러다니고 있어서 그냥 심심해 읽었던 책이다.

그때에는 세로로 된 아주 자잘한 글씨로 된 책이라 큰 기대를 안하고 읽었는데 의외로 정말 재미가 있었다. 처음으로 나는 하루 동안 일어난 일상적인 일만으로도 이렇게 재미있는 한 권의 책이 될 수 있다는 사실에 우선 감탄했다. 그리고 참혹한 수용소 생활에서 반어적으로 주인공인 이반 데니소비치가 즐겁게(?) 잘 살아내고 있다는 설정이 흥미로웠다. 어쨌든 그 당시 이 책을 읽고 나는 묘한 카타르시스를 느꼈다.

물론 이 책이 그동안 금기시됐던 스탈린 시대의 수용소를 고발했기 때문에 더 큰 의미와 가치가 있는 것이겠지만, 어린 내가 읽었던 기억에는 그보다 더 '재미있다'는 사실만이 다가왔다. 그 당시 내게는 이 책이 또 다른 의미의 『로빈슨 크루소』같이 느껴졌기 때문이다. 나는 이때부터 감정이 섞이지 않은 시니컬하지만 유머가 있는 분위기를 좋아하게 됐는지도 모르겠다. 어쨌든 그때부터 이런 흐름의 책이나 영화에 대한 취향이 생기게 되었던 것 같다.

또 이 책이 어린 나에게 그리 낯설게 다가오지 않았던 이유는 '이

반 데니소비치'라는 주인공의 이름 때문이었다. 초등학교에 들어가기 전부터 읽었던 세계명작 중 러시아 동화책에 '이반'이라는 주인공 이름이 자주 등장했기 때문에 이 책의 주인공 이름이 친숙했다. 이렇게 책은 책으로 이어진다. 내 독서의 경험을 볼 때 아주 사소한 독서의 흔적들도 다음 독서에 영향을 주곤 했다. 독서는 또 다른 독서를 잉태했다. 생각이 또 다른 생각을 낳듯이 말이다. 이전의 독서 경험으로 낯선 책이 익숙하게 느껴지기도 하고, 새로운 책을 이해하는 배경지식의 조각들로 활용되기도 한다.

한편, 독서 후 삶에 대한 고찰도 주지만 정말 재미있게 읽었던 또 다른 책은 서머싯 몸의 작품들이다. 그의 대표작인 『인간의 굴레』와 『달과 6펜스』는 정말 재미있게 읽었다. 소위 '둘이 읽다가 하나가 죽어도 모를 만큼' 재미있게 느껴졌다. 서머싯 몸의 『인간의 굴레』를 고등학교 때 우연히 읽고는 서머싯 몸에 반해서 다른 작품을 찾아다녔다. 그때는 책을 구하기가 그리 쉽지 않았다. 마침내 『달과 6펜스』를 겨우 발견해서 읽었더니 역시나 고소한 과자를 먹는 맛이었다. 아주 달달하게 맛있고 기가 막히게 고소한 맛이다. 아직 서머싯 몸을 만나지 못했다면 꼭 읽기를 추천한다. 아주 부드럽고 달콤하고 고소한 케이크를 먹는 기분이다.

# 생각을 톡 쏘는 상큼하고 정신이 번쩍 드는 맛의 독서

　　　달달하고 맛있는 맛을 주는 독서에 이어 생각을 톡 쏘는 상큼하고 정신이 번쩍 드는 맛의 독서를 하고 싶다면 푸코를 잊지 말자. 프랑스 현대 철학자의 한 사람인 미셸 푸코의 『이것은 파이프가 아니다』, 『광기의 역사』, 『감시와 처벌』, 『성의 역사』 등은 생각의 섬세한 돌기를 만들기 위해 우리가 놓치지 말아야 할 책들이다.

　푸코는 대학에서 철학을 공부한 이후 정신의학에 흥미를 느끼고, 그 이론과 임상(臨床)을 연구하였다고 한다. 그 탐구의 과정에서 각 시대의 앎(知)의 밑바닥에는 무의식적 문화의 체계가 있다는 결론에 도달했다. 그의 주된 저서들을 보면 억압적인 권력의 구조를 예리한 통찰력으로 파헤치며, 인간이 만들어놓은 현실 속의 질서와 금기에 도전장을 내밀었던 공통점을 찾을 수 있다.

　내가 푸코를 만나게 된 인연은 니체의 『권력에의 의지』에서 시작된 것 같다. 앞에서도 말했지만, 어떤 책을 읽고 그 책의 모든 것을 이해할 필요는 없다고 했다. 물론 다 이해하면 좋기야 하겠지만, 그런 것에 부담감을 가질 필요가 없다는 뜻이다. 그런 중압감은 독서의 방해꾼일 뿐이다.

　나도 니체의 『권력에의 의지』를 모두 기억하고 이해한 건 아니었다. 하지만 일단 이 책을 읽은 이후 '권력'이라는 말에 방점을 찍고 갔다. 그 이후에 다른 책들을 읽을 때 권력이라는 말이 나오면 무심히 지나가지 않았다. 니체가 말했던 '권력'의 개념과 권력 본연의 의미에 대한 다양한 생각들이 꼬리에 꼬리를 물었다. 니체의 『권력에의 의지』를 읽고는 내 뇌리에 이제 '권력'이란 말은 평범한 단어가 아니었고, 마치 입체 시뮬레이션처럼 빙글빙글 다양한 의미로 돌아가기 시작했다.

어쨌든 그래서 미셀 푸코의 책들을 읽으면서 그가 억압적인 권력의 구조에 초점을 맞추고 있다는 것을 알았다. 그러고는 니체가 말한 것과는 또 다른 의미로 미셀 푸코가 '권력'을 주목하고 있다는 것을 깨달았다. 그래서 미셀 푸코는 어떻게 '권력'을 바라보는지 그것에 대해 흥미가 생기게 된 것이다. 니체에게 권력에의 의지가 종속 상태를 물리치고 남을 지배하는 권력을 추구하면서 스스로 강해지려는 강렬한 의지를 말한다면, 이때 니체의 권력은 근원적으로 내면에서 솟아나는 활동적 생명의 힘을 말하기도 한다. 이러한 '권력'은 생명이 활동하는 어디서든 발견된다.

## 니체를 넘어 미셀 푸코를 만나면
▬

반면, 미셀 푸코는 인간 사회에 존재하는 '권력'이 어떻게 구조화해서 인간 정신을 억압하고 있는지에 초점을 맞춘다. 이처럼 독서는 한 단어에 대한 의미의 확장성을 선물하곤 한다. 우리가 '권력' 하면 떠올리는 게 무엇이 있을까. 정치권력이라는 단순한 개념이 먼저 떠오를 것이다. 이문열의 『우리들의 일그러진 영웅』, 『젊은 날의 초상』, 『황제를 위하여』 등의 작품에도 그 정치권력의 비유가 아주 재미있게 잘 나타나 있다.

이렇게 여러 작가들의 작품들을 읽어나가면서 한 단어의 의미가 어떻게 확장되고 변형될 수 있는지 실감나게 다가오는 것이다. 그 확장성만큼 우리의 생각 돌기는 아주 섬세하고 예리하게 다듬어진다. 그래서 이후 그 단어를 다시 만날 때면 머릿속에는 그 단어에 대한 다양한 시뮬레이션이 동시에 뜨게 된다. 이렇게 예민한 생각의 돌기를 가질 수 있도록 도와주는 게 독서의 가장 큰 매력이 아닌가 싶다.

이리하여 미셸 푸코에 이르러 권력이 어떻게 인간의 역사 속에 지능적으로 구축되어 인간 정신을 지배하고 속여 왔는지 그 진실의 실체에 대해 어렴풋이 접근하게 된다. 또한 그동안 읽어왔던 프로이트와 융의 정신분석학의 독서 데이터가 푸코의 정신분석학적 고찰을 이해하는 자양분이 되어주는 걸 발견한다. 우리가 이처럼 독서의 가이드를 따라가다 보면 북소믈리에가 어떤 과정으로 섬세한 생각의 돌기를 가지며 책에 대한 맛을 식별할 수 있는지 알게 된다. 그 과정을 이제 좀 더 친밀하게 받아들일 수 있는 마음의 자세를 가질 수 있는 것이다.

또 철학으로 출발했던 미셸 푸코가 정신분석학이라는 심리학, 권력의 구조라는 사회학으로 점점 지평을 넓혀가면서 그의 정신세계에 빠져들게 된다. 우리의 독서 영역은 자연스럽게 철학과 심리학, 사회학을 넘나들며 생각의 자유를 만끽할 수 있다. 애초에 『데미안』이라는 헤르만 헤세의 성장소설에서 시작한 독서가 이제 푸코에 이르러 사회학까지 관심을 넓힌 계기가 된 셈이다. 그래서 은연중 우리 주변의 사회적 문제에도 관심을 가지며 꼭 체크를 하게 된다.

이와는 반대로 어떤 사람은 사회적 문제에 관심이 생겨 독서를 하기 시작했다면 그 독서의 영역은 거꾸로 철학으로 넘어갈 수도 있다. 어디서 어떤 영역에서 독서를 시작하든, 그건 아무 상관도 없다. 결국 책은 책이 길을 내어 그 여러 갈래의 길들이 하나의 통합된 목적지, 즉 '앎'이라는 공통된 집합소에 이르는 것이다.

북소믈리에가 강력 추천하는 메뉴
『이것은 파이프가 아니다』
━

　　　　푸코 이야기를 조금 더 하자면 푸코에 관심이 생기면서 국내에 그 당시 번역된 그의 책들을 대학교 4학년 때 거의 다 찾아 읽기 시작했다. 그런데 『이것은 파이프가 아니다』를 읽고는 사물과 그 이름의 대응 관계 역시 인간이 만들어놓은 약속 또는 '틀'이라는 걸 깨달았다. 그 존재와 형식적 이름과는 아무 관계도 없는 것이다. 애초에 구두를 구두라고 이름 붙였으니까 구두이지, 사슴이라고 이름 붙였다면 사람이 신는 그 물건은 지금 사슴이라고 불릴 것이다.

미셸 푸코의 작품 중 가장 대중적이면서 재미있게 읽을 수 있는 책은 『이것은 파이프가 아니다』가 아닐까 싶다. 나는 이 책을 통해 심지어 그림에도 관심을 가지게 되었다. 초등학교 때부터 고등학교 때까지 미술시간이면 못 그리는 그림솜씨 때문에 치를 떨며 그 시간들이 싫었는데, 그런 내가 그림을 사랑하게 될 줄이야! 이건 우리나라 교육이 문제가 있었던 건 아닐까.

하여튼 푸코 덕분에 이때부터 『이것은 파이프가 아니다』라는 책의 모티프가 된 르네 마그리트의 그림인 〈이미지의 배반 : 이것은 파이프가 아니다〉를 비롯해 〈피레네의 성〉, 〈꿈의 열쇠〉, 〈위대한 가족〉, 〈골콩드〉, 〈백지위임장〉 등에도 관심이 생겼다. 결국 처음에 내가 설립한 출판사의 이름을 '꿈의 열쇠'로 짓기까지 이른 것이다. 여기에도 나비 효과가 작용한 셈이다.

브라질에 있는 나비의 날갯짓이 미국 텍사스에 토네이도를 발생시킬 수도 있다는, 카오스 이론의 토대가 된 과학이론. 어떤 일이 시작될 때 일어나는 아주 작은 양의 차이가 그 결과에서는 엄청나게 큰 차이를 만들 수 있다는 이 이론이 독서의 효과에도 대응된다면 재미있지 않는가.

　일본의 유명한 애니메이션 감독인 미야자키 하야오도 르네 마그리트의 〈피레네의 성〉을 본 뒤 이 그림에서 영감을 얻어 〈하울의 움직이는 성〉을 만들었다고 한다. 나는 미셸 푸코를 읽고, 르네 마그리트의 그림을 보고, 미야자키 하야오의 만화 영화를 보면서 그 이해의 폭을 넓혀 갔다.

　이렇게 독서는 어디서 시작하든 철학에서 심리학으로, 혹은 사회학으로, 심지어 그림이나 만화영화까지 연결이 된다. 이러한 책들이 내주는 길의 흐름을 타는 것이 내가 말하고자 하는 북소믈리에가 되는 독서의 방법이고 기술이다. 우리가 책을 통해 얻어야 할 것은 표면적으로 또는 현상적으로 드러나는 그 글자나 내용들이 아니라, 그 책의 내면에 감추어진 흐름을 발견하는 것이다. 그것이 독서의 실체에 보다 가까이 다가가는 길이라고 나는 생각한다.

# 특별한 독서, 텍스트의 반역

"열지 않는 책은 종이 뭉치에 불과하다."
- 영국 속담

앞에서 책들의 흐름을 따라가는 독서의 기술에 대해 살펴보았다. 처음에 독서의 세계에 입문하면 우리는 무수하게 다양한 책들을 이 것저것 읽게 된다. 그러다 보면 책의 흐름을 잡고 그 흐름의 색깔대 로 자신만의 '독서 메뉴판'이 생기는 것이다.

헤르만 헤세에서 출발해 니체로, 니체에서 다시 미셸 푸코로, 미 셸 푸코에서 르네 마그리트의 그림, 그리고 르네 마그리트의 그림에 서 〈하울의 움직이는 성〉 장편만화까지. 이렇게 하나의 독서 메뉴판 이 생긴 셈이다.

그렇다면 또 다른 독서 메뉴판이 그려질 수도 있다. 다른 말로 하 자면 또 다른 '독서 지도'가 생기는 셈이다. 이러한 비유적 표현도 독서를 하다 보면 자연히 하나의 현상 내지 상황을 여러 다른 말로 표현할 수 있는 확장성이 따라온다. '독서 메뉴판'이나 '독서 지도' 등은 독서의 흐름을 비유적으로 표현해주는 말들이다. 독서를 통해 우리는 읽는 것의 확장뿐만 아니라 표현하는 것의 확장까지 얻을 수 있다.

자, 또 다른 메뉴판을 하나 더 살펴보자. 헤르만 헤세의 『데미안』을 보면 주인공 싱클레어가 꿈을 꾸는 이야기가 나온다. 『데미안』에서 중요한 소재 중 하나인 매의 형상을 꿈속에서 보는 것이다. 나는 『데미안』에 꽂혀 있을 무렵 이 매의 상징에 굉장히 빠져 있었다. 그래서 매 형상의 브로치나 조형물 등에 관심이 많았고, 그걸 통해 헤세의 영감을 더불어 느끼고자 했다.

고등학교 1학년 때인가, 그 무렵 어느 날 가게에서 아주 정교하게 만들어진 훌륭한 매의 작은 브로치를 발견했다. 심지어 매의 눈동자가 붉은 수정처럼 반짝였다. 그즈음 용돈을 모아서 다 털어 그 고급 브로치를 샀다. 그리고 힘들 때마다 매의 형상을 보면서 싱클레어가 찾아가던 그 아프락사스의 이미지를 머릿속으로 나도 좇아갔다. 어쩐지 어린마음에 그때는 그 매의 상징이 나를 진리의 실체에 도달하게끔 도와주는 영감을 줄 수 있다고 생각했던 것 같다. 한참을 함께하던 그 매의 상징물인 브로치가 어디로 가버렸는지 지금은 알 수 없다. 하지만 어쨌든 싱클레어의 '꿈'이라는 조각은 나를 프로이트의 『꿈의 해석』으로 안내했다.

## 고정관념의 틀을 깨뜨려주는 독서

—

프로이트를 통해 꿈의 세계에 입문하고 난 뒤 프로이트를 뛰어넘는 원형 이론을 펼친 칼 구스타프 융을 만났다. 분석 심리학의 창시자로 불리는 융의 무의식의 원형 이론에 난 더 끌렸다. 프로이트의 히스테리 분석이나 심리적 문제를 성욕 중심으로만 해결하려는 단편적인 해석에 신물이 나 있던 참이었다. 프로이트의 『꿈의 해석』을 한참 읽다 보면 해석 방식이 너무 천편일률적이라 심리학에 문외한이던 나도 프로이트의 이론이 뭔가 완전하지 못하다는 사실을 깨달았던 것이다.

그 후 『꿈의 해석』에서 느꼈던 독서의 미진함과 밤에 우리가 꾸는 꿈의 진정한 의미에 대한 호기심으로 나는 목이 말랐다. 그래서 프로이트의 제자들이 그를 비판했던 책들을 찾아 나섰고, 여러 권을 읽고 난 후에야 융의 진정한 가치를 발견했다. 융의 '원형 이론'이 제일 마음에 와 닿아 그의 저서를 본격적으로 읽기 시작했다.

물론 몇 십 년이 지났기 때문에 지금 그 내용들을 다 기억하고 있지도 않고, 그 당시에도 내용들을 다 이해하지 못했다. 하지만 융이 말하고자 하는 꿈에 대한 그 흐름은 뭔지 어렴풋이 파악했다. 그리고 위대한 심리학자라고 여겨지던 프로이트의 권위를 허물어뜨리는 통쾌한 반전을 융의 책에서 느꼈다.

독서의 즐거움이란 바로 이러한 틀의 깨뜨림이 아닐까. 앎을 통하여 기존의 권위가 거짓 위에 존재한다는 사실을 발견하는 것, 그 과정이 독서의 기쁨 중 하나라고 생각한다. 물론 그런 진리를 발견해가는 지적 탐색 작업은 일반인이 전문적으로 하기에는 버겁고, 모든 영역을 다 연구하기에도 불가능하기 때문에 독서를 통해 저자의 안내를 따라 대리만족을 하는 것이다.

이러한 독서가 자신이 딛고 있는 고정관념의 틀을 깨뜨려주는 진정한 독서가 아닐까. 옛날에는 지구가 우주의 중심이었고, 태양이 지구를 돌고 있다는 천동설이 절대 진리였던 인류 역사가 있었다. 누구도 부인할 수도 부인되어서도 안 되었던 진리. 그러나 코페르니쿠스가 시작하고 갈릴레오가 완성한 태양 중심의 새로운 우주 체계, 즉 지동설이 진리라는 게 밝혀지지 않았나.

## 코페르니쿠스적 전환을 위한 독서

칸트가 자신의 인식론상의 입장을 나타내는 데 사용한 '코페르니쿠스적 전환'이라는 말은 이제 비유법으로 많이 쓰이고 있다. 내가 가장 좋아하는 비유 중의 하나이기도 하다. 이 세상에는 아직도 많은 '천동설'이 존재한다. 그런 가짜 진리를 무슨 보물단지처럼 모시고 살아가는 사람들이 많다.

독서란 그런 천동설로 비유되는 가짜 진리를 깨부수는 도구이며 '진짜'로 다가가는 통로이다. 그러기 위해선 '텍스트의 반역'이 필요하다. 물론 이때 사용한 '텍스트의 반역'도 확장적 의미이며 비유적 표현이다. 이 책을 여기까지 읽은 독자라면 쉽게 이해할 것이다.

니체가 사용한 표현 중에서 '망치를 든 사람'이라는 말이 있는데, 이 비유도 내가 참 좋아하는 표현이다. 고정관념을 깨어 부수는 인간의 의식을 비유한 말인데, 이러한 과정을 도와줄만한 책을 추천해본다. 역사에 대한 고정관념을 깨부수고 싶다면 E. H. 카의 『역사란 무엇인가』를 꼭 읽어보기 바란다. 물론 이미 읽어본 사람들도 많을 것이다. 이 책은 역사가 단순히 과거의 사실들을 기록한 것이 아니라 승리한 자들의 자기변명일 수도 있다는 가능성을 열어 준다.

또한 역사에도 '편집 기능'이 작용했다는 놀라운 깨달음을 준다. 난 이 책을 통해 '편집'이라는 단어의 확장성을 마치 온몸에 전기가 흐른 듯이 강렬하게 느꼈다.

'아, 편집이라는 말이 이렇게 역사라는 거대한 시간적 흐름에도 적용될 수 있구나……'

그래서 '편집'의 놀라운 의미와 가치를 그때부터 부여할 수 있었고, 내게 아주 중요한 단어가 되었다. 강조하건대 '편집'이라는 말은 확장성이 굉장히 큰 단어이다. 비유의 영역도 무궁무진하다. 반드시 주목해야할만한 단어라고 생각한다.

또 종교에 대한 고정관념을 깨어 부수고 싶다면 루트비히 포이어바흐의『기독교의 본질』을 꼭 읽어보라. 물론 기독교인이라면 심리적 방어막 때문에 심적 부담감이 크겠지만 그래도 누구나 읽어보면 좋을 것이다. 이 관점을 안 받아들이더라도 말이다. 이기려면 적을 알아야 하듯이 기독교인이라고 하더라도 그 반대론자들이 주장하는 관점을 알고 있으면 유익하지 않을까.

어쨌든 난 고등학교 때 개인적인 이유로 장로교회에서 학습과 세례까지 받았지만 현재 기독교인은 아니다. 다양한 독서의 결과로 현재는 굳이 따지자면 범신론자일 수 있다. 그런데 이『기독교의 본질』이라는 책과의 인연은 역시나 헤르만 헤세의『데미안』에서 시작된다.

헤세는 실제로 목사의 아들이었다. 그의 여러 작품들을 통해 나타난 종교적 믿음에 대한 방황은 헤세 자신의 진짜 이야기이기도 하다. 결국 그가 노벨문학상을 받는 결정적 계기가 된 작품인『유리알 유희』에서 보면 그의 종교적 방향은 동양의 사상 쪽으로 완전히 기울어지는 듯하다.『유리알 유희』는 헤르만 헤세의 인생의 말년에 나온 작품으로 그의 인생의 성숙도가 그대로 녹아져 있다는 평가를 받았다고 한다. 그의 종교적 방향성이 나타나는 또 다른 작품으로는『싯다르타』가 있다. 이 책의 제목에서도 알 수 있지만 동양적 사상이 그의 말년의 작품들에서 흐르고 있다.

# 독서에 성역은 없어야 한다

ㅡ

　　난 헤르만 헤세의 『데미안』에서 싱클레어의 종교적 방황을 시작으로 아프라삭스라는 신의 이름을 읽고는 기독교에서 볼 때 이단적인 요소의 존재에 관심이 생겼다. 그래서 종교가 불교, 기독교 이 두 가지만 진리가 아니라, 인류 역사의 저 너머에 어떤 뿌리가 있다는 사실을 『데미안』을 통해 알게 되었다. 우리는 현재 읽고 있는 한 권의 책에서 인생의 모든 의문을 해결하려고 하지 말아야 한다. 그건 욕심일 뿐이며, 또한 불가능한 일이다. 독서도 마음을 비워야 그 진리에 이를 수 있고 즐거움을 얻을 수 있다. 겹겹이 쌓인 퇴적층처럼 책들이 자기 안에 층층이 쌓일 때 비로소 삶의 지혜에 도달할 수 있다.

　　나도 『데미안』에서 모든 걸 알려고 하지 않았다. 종교에 대해서는 그 정도쯤 흐름을 파악하고 끝냈다. 그런데 '신이 없다면 인간이 신이 되어야 한다'는 생각을 가진 니체에 이르러 종교에 대해 좀 더 깊이 생각하기 시작했다. 엄밀하게 따지면 기독교에 대해서 말이다. 난 대학교 때 졸업 논문을 니체에 대한 주제로 준비하면서 니체 전집을 한글판, 독일어판을 다 마련해서 읽기 시작했다. 물론 독일어판은 졸업 기념으로 한정판을 샀다. 실제로 다 읽지는 않았다. 논문을 쓸 때 참고만 했다. 그러나 한글판 전집은 거의 다 읽었다.

　　역시나 지금 그 내용들이 다 기억이 나지는 않는다. 남아 있지도 않다. 그러나 니체 사상의 그 흐름은 남아 있다. 어쨌든 난 니체를 통해서 『기독교의 본질』을 만났다. 도대체 무엇이 진실이란 말인가. 종교에 대한 이런 궁금증이 일어났다. 정말 알고 싶었다. 그 당시 확신을 가지지 못했던 진리 중 하나가 종교에 대한 것이었다. 왜 이렇게 의견들이 분분한가. 물론 종교는 믿음의 문제이기 때문에 믿는 사람들의 차원에서 접근하는 건 아니다. 여기선 독서의 흐름을 이야기하기 위해서 소재로 삼은 것뿐이다. 나는 학구적 탐구욕에서 사상의 흐름의 하나로서 종교를 이해하기 위해 탐색했을 뿐이다. 난 종교를 믿음의 대상으로 본 게 아니고 인류 역사의 흐름에서 그 실체를 알고 싶었던 것이다.

그런데 『기독교의 본질』을 읽고는 뭔가 정리되지 않았던 종교에 대한 생각들이 한꺼번에 탁! 하고 풀렸다. 특히 기독교가 역사적으로 과거 고대의 다른 종교를 복사해 왔다는 포이어바흐의 주장들이 신선했다. '텍스트의 반역', 딱 이 표현이 적당할 것 같다. 이러한 포이어바흐의 주장들에 대해 기독교인의 입장에서 찬성 여부를 떠나 독서의 신선한 즐거움을 난 느꼈다. '아, 이렇게도 생각하는 방법이 있구나, 이런 사람도 있네, 이런 사실도 있었네!'

절대 진리라고 생각했던 거대한 종교의 실체를 역사적인 문헌과 학설을 통해 하나씩 깨어 부수는 포이어바흐의 시원한 주장에 독자로서 아주 큰 쾌감을 느꼈다. 난 종교에 대한 고정관념의 틀을 『기독교의 본질』을 독파한 이후 완전히 깨어버릴 수 있었다.

# 독서의 어떤 금기에도 망치를 들어라

—

열지 않은 책은 종이뭉치에 불과하고, 알지 못한 진리는 그냥 허공 속의 먼지보다 못할 수 있다. 우리는 수많은 진리 앞에서 얼마나 떳떳한가. 역사면 역사, 종교면 종교, 심리학이면 심리학, 철학이면 철학, 이 모든 영역에는 고정관념과 권위가 도사리고 있다.

그 진리의 가짜와 진짜를 구별하지 못하면 진리의 실체는 허공 속의 먼지보다 우리에게 영향을 안 끼칠 수도 있다. 진짜 진리와는 아무 상관없이 우리는 살아가는 셈이니까. 다시 강조하지만 지금 이야기하고 있는 것은 믿음의 영역에서 종교를 이야기하는 것이 아니라, 인간사를 구성하는 하나의 카테고리로서 철학이나 심리학 등등과 동등한 영역으로 이야기하고 있다는 걸 잊지 말아줬으면 한다. 그럼 신학이라고 표현해야지, 하는 의견도 있을 수 있겠다. 아, 지금 우리는 독서에 대한 이야기를 하고 있지, 학술 세미나를 하고 있는 건 아니라는 사실도 잊지 말자. 그냥 알아듣기 쉽고 이해하기 편하게 이야기를 해나가고 있을 뿐이다.

다시 한번 강조하지만, 우리의 목적지는 다양한 와인의 섬세한 맛을 구별하고 맛볼 수 있는 소믈리에처럼 책의 다양한 맛들을 감별할 수 있는 생각의 돌기를 어떻게 하면 가질 수 있는지에 대한 것이다. 그 북소믈리에가 될 수 있는 방법은 무엇이며 그 기술을 어떻게 하면 가질 수 있는지를 알아가고 있는 중이다.

텍스트의 반역으로 일어나는 망치의 두드림처럼 아주 특별한 독서를 해보자. 앞서 추천한 독서 목록은 꼭 한번 읽어보기를 바란다. 뜨거운 여름날 작열하는 태양 아래 시원한 파도의 세례를 받고 싶다면 반드시 텍스트의 반역에 동참하라. 그러면 정신이 번쩍 들게 세상이 한 바퀴 돌았다가 다시 제자리로 오는 아주 특별한 카타르시스를 경험할 수 있을 것이다. 지적 탐험의 롤러코스터에 탑승해보라. 단, 편견과 선입견, 고정관념의 짐들은 잠시 내려놓고 말이다. 설사 특정 종교인들이라 하더라도 믿음의 문제가 아니라 앎의 메뉴판으로 알고 이러한 아주 특별한 독서 메뉴판을 추천받길 바란다.

패턴을 찾아 떠나는 독서 여행.
오묘한 책의 향기에 취하다!

5 · 북소믈리에의 패턴 인식 독서법

Book Sommelier

# 패턴 인식으로 책을 읽다

"사람들은 죽어도 책은 결코 죽지 않는다.
어떤 힘도 기억을 제거할 수는 없다. 책은 무기이다."
- 루즈벨트

서양 철학 사상이 아무리 복잡해 보여도 두 가지 패턴이 반복된
다는 것은 앞에서 이미 이야기한 바가 있다. 인간의 이성적 부분을
강조하는 쪽과 감성적 부분이 중요하다는 쪽. 서양 철학사 책이 아
무리 두껍고 철학자들이 무수히 많이 나와 이 이야기, 저 이야기를
하고 있더라도 크게 나눠 보면 이러한 두 가지 패턴이 반복되는 게
서양 철학의 흐름이다.

이러한 서양 철학의 사상적 패턴은 또한 모든 서양 문학 작품에
패턴화 되어 있다. 따라서 아무리 다양한 주제를 가진 문학 작품들
이라고 하더라도 이러한 줄 세우기로 패턴화한다면 보다 쉽게 그
책의 본질에 다가설 수 있다. 이처럼 다양한 책의 흐름을 패턴화 시

켜 인식하는 독서법을 이제부터 '패턴 인식 독서법'이라고 부르자. 이 책에서 처음부터 지금까지 줄곧 강조해오고 설명해온 방식에 대한 나름의 정의이다.

패턴 인식 독서법은 다양한 책들의 내용을 쉽게 이해할 수 있는 생각의 발판으로 기능한다. 처음 만나는 주제나 내용의 책 앞에서 주눅이 들 필요도 없다. 어렵다고? 그렇지 않다. 패턴만 인식을 한다면 어떤 책이라도 삼장법사 손바닥 안의 손오공이다.

패턴 인식을 위해서는 책의 부분적인 내용에 얽매이지 말고 전체 내용의 흐름을 꿰뚫어야 한다. 일단 어떤 책의 차례나 첫 페이지 혹은 서너 페이지만 넘겨봐도 그 책이 어느 패턴인지 쉽게 알 수 있는 경지에 오르면 이젠 북소믈리에 수준의 독서 고수가 되었다고 스스로 인정해도 좋을 것이다.


## 패턴 인식 독서법의 과학적 근거

—

이 패턴 인식 독서법은 프랙탈 이론(Fractal theory)이라는 것에 그 과학적 근거를 찾아볼 수 있다. 앞서 이 책의 3장 「북소믈리에, 텍스트를 넘다」에서 SBS 스페셜 〈세상은 생각보다 단순하다〉 이야기를 한 적이 있다. 바로 그 다큐멘터리의 주제도 패턴 인식이었다. 어쨌든 이 패턴 인식을 과학적으로 뒷받침하는 프랙탈 이론은 1975년 미국의 만델브로가 제창한 기하학 이론이라고 한다. 해안선이나 사막의 무늬 등 자연계의 복잡하고 불규칙한 모양은 아무리 확대해도 기본적인 부분과 전체가 같은 패턴의 불규칙한 모양이 나타난다는 것이다.

그런데 늘 주장하지만 이런 이론과 용어 따위는 중요하지 않다. 자기가 이 개념을 어떻게 이해하고 받아들이느냐가 핵심일 뿐이다. 어쨌든 이런 과학적 이론이 뒷받침한다는 것은 매우 고무적인 일이다. 이 프랙탈 이론은 자연현상에만 적용되는 것이 아니라 이 패턴화 개념을 확장하여 사회 현상에도 적용시킬 수 있다는 주장이 요즘 많이 제기되고 있는 듯하다.

이 패턴을 인식하는 방법은 자연계뿐만 아니라, 우리 인간들이 살아가는 사회에서 발생하는 다양한 현상, 그리고 인간관계, 심지어 내가 말하고자 하는 독서의 방법까지 모두 적용될 수 있다고 생각한다. 어쩌면 좀 더 나아가 이 패턴 인식의 패러다임을 계속 탐구해나가다 보면 우주의 신비가 풀릴 지도 모를 일이다. 우리가 어디서 왔고 어디로 갈지도 과학적으로 증명될 수 있지 않을까 하는 생각을 잠시 해본다.

하여튼 우리가 독서를 할 때에도 수많은 다양한 저자들과 책들을 마주하면서 이 패턴 인식 독서법을 활용한다면 아무리 어려운 내용이라도 쉽사리 이해할 수 있다. 패턴을 인식하는 방법은 대상의 본질을 파악하는 것과도 깊은 관계가 있다. 패턴 인식 독서법에 익숙해진다면 우리는 사회 현상, 모든 주변 문제들까지 이 패턴 양식에 따라 읽을 수 있는 능력도 길러질 것이다.

그러면 현실적으로 우리가 처한 문제들도 그것이 아무리 복잡한 양상을 띠고 있는 일이라 하더라도 그 본질에 쉽고 빠르게 다가갈 수 있다. 이러한 독서법을 우리 삶에도 적용시킨다면 여러 영역에서 시간과 노력을 절약하게 될 것이다.

이러한 패턴 인식 독서법은 통찰력과도 관련이 있다. 통찰력은 현상 너머 본질을 꿰뚫어보는 능력이다. 이 통찰력은 또 다시 직관력과도 아주 깊은 관련이 있다. 한 연구 결과에 따르면 이전까지 몰랐던 생각 또는 사물이나 사람과의 '관계'를 갑자기 깨달을 때 통찰력이 생긴다고 한다. 사람은 문제가 생겼을 때 필요에 따라 통찰력으로 해답을 찾아내는 것이다.

그런데 이 연구 결과는 한편으론 통찰력으로 찾은 해법이 옳은 경우도 있긴 하지만, 틀릴 경우도 내포하고 있으며, 그 해법에 도달하기까지의 시간을 예측할 수 없다는 것을 포함하고 있다고 한다. 그러나 패턴 인식 독서법의 경우 이 통찰력의 결과로 얻은 해법이 정확할 확률이 상대적으로 높다. 또 해법에 이르는 시간도 이 독서법에 익숙해질수록 빨라질 것이다.

## 통찰력, 창조력, 판단력,
## 미래 예측력으로 확장되는 독서법

—

이처럼 '책을 읽는다'는 것은 단순한 것이 아니다. 책의 흐름을 파악하는 패턴 인식 독서를 한다면 우리는 통찰력까지 업그레이드시킬 수 있다. 패턴의 반복을 잘 잡아낼 수 있다면 우리가 천재는 아닐지라도 미래를 예측하는 수준을 넘어 미래를 창조할 수도 있다. 과거와 현재를 잇는 프로세스를 연구하면 미래에 일어날 일을 예측하는 단계에서 벗어나 새로운 것을 직접 창조하는 단계까지 이를 수 있는 것이다. 그것이 바로 '창조성'인 것이다. 그래서 창조성은 통찰력을 바탕으로 한다고 할 수 있다. 이 통찰력은 거꾸로 돌아가 보자면 바로 패턴 인식의 독서법에서 훈련할 수 있는 것이다.

패턴 인식 독서법을 통해 패턴 인식 사고력을 우리가 생각 속에 장착한다면 우리 자신이 나를 둘러싼 환경과 세계에서 독립된 실체가 아니라 환경과 세계의 한 조각이라고 생각하기에 이른다. 따라서 패턴 인식 독서법에 익숙한 사람은 책의 내용을 분석할 때뿐만 아니라, 자신과 주위 세계의 상호 관계를 이해하기 위해서도 이 독서법을 활용한다.

살아가면서 우리는 매번 판단의 순간에 놓인다. 매일 무엇인가에 대한 선택을 해야 한다. 특히 어떤 조직의 관리자나 리더의 판단 능력은 그 조직의 앞날을 좌지우지한다. 국가도 마찬가지다. 그리고 개인의 경우에도 판단력은 인생의 고비 고비마다 중요한 역할을 한다. 특히 촉박하게 판단을 내려야 하는 상황이라면 판단력은 더할 나위 없이 중요하다.

지금 세계에는 수많은 일들이 벌어지고 있다. 우리는 쏟아지는 정보 속에서 그 사건들의 원인과 배경을 줄을 세워서 배열하면 일련의 법칙을 알 수 있다. 패턴 인식 독서법을 훈련한다면 통찰력, 창조력, 미래 예측력뿐만 아니라 판단력까지 보너스로 얻을 수 있는 것이다. 이처럼 '책을 읽는다'는 것은 단순히 텍스트만 읽는 행위가 아니다. 책을 제대로 읽는 방법을 터득한다면 우리는 세상도 읽을 수 있게 된다.

# 패턴 인식으로 영화를 읽다

"책은 풍경화처럼 독자와 함께 변하는 의식의 상태이다."
- 딤네

세상을 읽게 만드는 독서, 책의 흐름을 파악하는 패턴 인식. 독서법은 '읽는다'는 의미를 확장시킬 수 있다는 것을 앞에서도 이야기한 적이 있다. 독서가 문자로 된 스토리를 읽는 거라면, 영화를 보는 것 역시 '읽는 행위'와 별반 다를 바가 없다. 물론 영화는 문자가 아니라 이미지로 되어 있지만 말이다.

영화를 볼 때에도 패턴 인식 독서법의 방법을 적용해볼 수가 있다. 왜 독서에 대한 이야기를 하는데 영화까지 들먹여야 하는지 이해할 수 없다면 아직 멀었다. 영화는 책의 또 다른 형태라고 나는 생각한다. 책을 기반으로 하는 영화도 많다는 것이 그걸 반증한다. 요즘 전자책도 거의 영화의 형태처럼 진화되는 과정만 봐도 그렇다. 머지않아 전자책은 영화와 아주 유사해져 언젠가는 영화와 전자책의 경계를 구분 짓는 것에 대한 논의를 해야 할 날이 올지도 모른다.

어쨌든 다시 돌아와서 영화 이야기를 계속 이어나가겠다. 영화의 스토리도 책처럼 수없이 많고 다양하다. 하지만 결국 패턴 인식 독서법의 방법대로 이성이냐, 감성이냐로 나눠 보면 그 영화의 본질적 주제에 쉽사리 다가갈 수 있다. 우리는 '읽는다'는 의미를 확대하고 비유적으로 받아들일 수 있어야 독서의 진정한 본질에 이를 수 있다.

2013년에 내가 본 영화 중 김기덕 감독의 〈뫼비우스〉라는 영화 읽기를 샘플로 실어 보겠다. 이 영화를 보고 바로 썼던 감상평이다. 영화 전문가적 시선이 아니라 그냥 개인적인 의견이지만, 영화에도 흐름이 있다는 것을 이야기하고 싶어 싣는다. 김기덕 감독은 패턴 인식 독서법에 따라 나눠 보자면 감성 쪽이다. 그리고 서양 철학사의 흐름 중 감성의 상징적 존재인 니체 쪽에 속한다고 보면, 내가 강조하는 '흐름'이라는 의미를 이해하는 데 도움이 될 것이다.

이 영화평에 언급된 마광수 교수나 김기덕 감독이나 홍상수 감독은 고정된 틀을 깨고 금기를 넘는다는 흐름에서 보자면 니체나 푸코나 라캉 같은 감성적 부류에 속하지 않을까. 하여튼 패턴 인식 독서법의 원리를 이해하기 위해서 〈뫼비우스〉의 감상평을 한번 읽어 보기 바란다. 책뿐만 아니라 영화에서도 어떻게 서양 철학의 두 가지 흐름인 이성, 아니면 감성 패턴이 나타나는지 알 수 있다.

## 니체의 흐름에 따르는 〈뫼비우스〉

김기덕 감독의 새 영화가 개봉했다. 그런데 개봉관을 찾는 게 쉬울 것 같지 않아 그냥 SK브로드밴드에 올라온 영화를 봤다. 극장 동시 상영작이기 때문에 10,000원이었다. 영화관보다 더 비싼 것 같다. 그렇지만 SK TTL 포인트 때문에 8,000원 지불했다.

그런데 이 영화를 보고 있자니 영화 제목인 '뫼비우스'가 의미하는 게 무엇인지 알겠다. 바로 불교의 '윤회'. 김기덕 감독은 불교와 유독 가까운 것 같다. 〈봄 여름 가을 겨울 그리고 봄〉도 배경이 절이었으니까. 이 영화도 제목이 완전히 불교와 가깝다. 물론 〈피에타〉는 제목이 성모 마리아 그리고 천주교와 관련이 있었지만……. 그리고 보면 김기덕 감독은 특정 종교보다 어쨌든 종교라는 아이템에서 영화의 주제 의식이 출발하는 것 같다.

〈뫼비우스〉가 극장 개봉이 되느니, 마느니 논란이 있다는 뉴스를 봤는데, 문제 되는 성기 노출 부분을 삭제해서 상영 허가가 났다느니 하는 걸 얼핏 흘려들었다. 아무래도 홍상수 감독보다는 관심이 널 있어서 그렇게 주의 깊게 듣지는 않았던 모양이다. 그리고 또 뭐 김기덕 감독과 관련해서는 뻔한 논쟁이려니 생각해서 그럴지도 모르지만.

막상 영화를 보니까 성기 노출보다는 폭력성이 더 문제인 것 같다. 성기 노출은 극의 흐름상 어쩔 수 없는 중요한 부분이라 차라리 문제가 안 된다. 굳이 삭제를 할 정도로 선정적이지 않았다. 선정적 의도로 나오는 게 아니라, 이야기의 흐름상 꼭 필요하다는 걸 영화만 보면 알 수 있다. 그렇지만 폭력적인 장면은 정말 보기에 끔찍했다. 특히 칼로 베는 건…… 섬뜩해서 눈 뜨고 볼 수가 없었다. 물론 극의 흐름을 위해 필요할 수도 있겠지만, 심히 끔찍했다.

한편, 이 영화의 큰 특징은 대사가 전혀 없다는 것. 그러면서도 완성도 있게 잘 표현한 건 김기덕 감독이 연출을 잘한 탓이다. 그리고 김기덕 영화의 단골 배우인 조재현도 연기를 잘했고. 대사 한 마디 없이 끝까지 잘 끌고 갈 수 있는 건 대단한 능력이다. 국내보다는 해외 영화제를 겨냥하기 위해선 더욱 좋은 것 같다. 외국 사람들도 대사가 없으니 정말 이해하기 좋았을 것이다. 자막 없이 가는 영화……, 국경의 제약이 필요 없을 것 같다. 언어의 경계가 필요 없다.

# 책의 작가뿐만 아니라
# 영화 감독에게도 '패턴'이 있다

―

　　　　이 영화는 잔인한 부분만 빼고는 김기덕 감독의 영화중에서 가장 담백하고 친절한 영화 같다. 그리고 끝까지 집약적으로 주제를 잘 몰아간다. 덕분에 이해하기도 쉽다. 하지만 이 영화를 보면서 꼭 이렇게 잔인하게 찍어야 하는가, 라는 의문을 갖게 한다. 모든 문화적 표현의 자유에 대해 평소 관대한 내 시각으로 봐서도 좀 섬뜩한 장면이 군데군데 있었다. 아니면 내가 강심장에서 좀 많이 약해진 걸까. 어쨌든 손으로 눈을 가리게 할 만큼 끔찍한 장면에서 꼭 이런 거북한 소재로 찍어야 하나 하는 생각마저 얼핏 들었다.

　하지만 뭐 그게 김기덕 감독의 영화 세계이면 할 수 없다. 작가나 감독의 작품 세계에 대해 남들이 뭐라고 할 수 없는 노릇이다. 싫으면 안 보면 그만이니까. 그래도 화학조미료 덩어리 같은 인위적 요소들로 범벅이 된 한국 대중 영화보다는 자기 철학과 주제 의식이 뚜렷한 김기덕 감독의 작품이 더 영화적 가치가 있다고 나는 생각한다. 물론 자신의 영화를 일반 대중영화와 비교한다는 자체부터 김기덕 감독이 알면 기분 나빠 할 수도 있겠지만 말이다. 그래도 은유적으로 비교해 이야기하자면 김기덕 감독 영화는 '유기농'이다. 그만큼 예술적으로 순수하기 때문이다.

　어쨌든 예술적 표현의 자유는 국가가 강제할 수 없다고 나는 생각한다. 단지 등급만 매겨놓으면 되지 않을까. 그 문화 상품을 소비하고자 하는 연령대의 기준만 정해놓으면 되지, 표현의 자유를 감금할 수는 없다. 마광수 교수나 김기덕 감독은 표현의 자유가 법률적으로나 정서적으로 제한되는 우리나라에서 많은 비난과 질타를 받는다. 21세기의 대한민국에서 아직도 문학적 혹은 영화의 표현의 자유가 알게 모르게 제약된다는 사실이 참 안타까운 노릇이다. 작가나 감독에겐 자기의 예술 세계를 표현하기 위해서 자기만의 특정 소재나 표현 패턴이 있게 마련이다. 그걸 존중해줘야 하지 않을까.

어쨌든 이번 영화 〈뫼비우스〉는 보긴 봐야 할 영화이다. 〈봄 여름 가을 겨울 그리고 봄〉도 순환하는 계절의 모티프를 사용해 윤회를 연상하게 하듯이, 뫼비우스의 띠 역시 윤회를 상징한다. 그런데 서양의 아이템인 뫼비우스의 띠에서 윤회라는 개념을 가져오는 것도 센스가 있는 것 같다. 윤회는 동양적 사고인데 말이다. 김기덕 감독의 이전 영화인 〈아리랑〉을 보고 그의 작품 세계에 무척 실망을 했던 적이 있었다. 물론 〈아리랑〉이 64회 칸 영화제에서 '주목할 만한 시선 상'을 받았지만, 나는 이 다큐멘터리 영화에서 왜 '루저'의 잔상만 어른거렸을까. 영화의 본연적 표현 방식인 '은유'보다 '노골적 분노'가 내 눈엔 보였기 때문인 것 같다. 그러나 〈뫼비우스〉는 〈봄 여름 가을 겨울 그리고 봄〉에서처럼 그에게 또 다시 희망을 걸게 해준다.

좀 과격하고 거칠지만 김기덕 감독의 이번 영화 〈뫼비우스〉의 폭력성은 그래도 그의 다른 작품들보다는 그 중 좀 낫다. 그리고 새로운 문제의식을 던지는 것 같기도 하고. 어쨌든 사물과 세상에 대해 바라보는 관점의 신선함, 금기에의 도전, 등은 예술가로서의 사명을 다하는 것 같다.

이 영화에는 인간 사회의 금기사항이 들어 있다. 하지만 그것도 역시 철학적 고찰을 위한 아이템에 불과하다고 생각한다. 사고 영역이 확대되어 나가면 금기란 있을 수 없다. 금기를 예술로 표현해 사람들에게 사고의 확장을 하도록 도와주기 위함이지, 단세포적으로 표면적인 걸 보여주고자 의도하진 않을 것이다. 하지만 사람들이 김기덕 감독을 비난하는 건 단지 겉으로 드러나는 소재에만 집중해 있기 때문이다. 그 소재를 통해 무엇을 말하고 싶어하는지 살펴봐야 하지 않을까. 달을 가리키는 데 손가락만을 보고 뭐라 할 수는 없는 법이니까.

## 영화도 책처럼 부분이 아닌
## 전체의 흐름에 주목하라

—

　　개인적으로는, 과격하지 않고 잔인하지도 않지만 영화적 완성도를 구현하는 홍상수 감독의 영화 스타일을 나는 사실 더 좋아한다. 김기덕 감독처럼 꼭 그렇게 거칠고 저항적으로 표현 안 해도 영화적 완성미는 추구할 수 있는데……. 그래도 김기덕 감독만의 색깔을 구현하고 싶어하는 걸 비난하고 싶지는 않다. 예술적 표현의 다양성의 의미에서 김기덕 감독 같은 영화 세계도 있어야 하지 않을까. 그것이 곧 창의적이고 독특한 각각의 영화 세계가 존재할 수 있는 길이니까 말이다.

　모두가 똑같은 색깔의 영화를 만든다면 그것이 더 문제이다. 창의성과 독창성의 소멸은 곧 예술의 무덤이라고 생각한다. 거칠고 잔인하고 폭력적인 부분도 있지만, 우리나라 영화의 다양성에 기여하는 김기덕 감독을 사람들이 너무 비난하지 말았으면 좋겠다. 내가 볼 때 대중적으로 성공한 영화를 보러 가는 것보다 김기덕 감독 영화를 오히려 꼭 봤으면 한다. 그게 우리 인생의 진실에 더 가까이 접근하는 길이니까 말이다.

　세상이 만들어 놓은 가짜 이미지에 속아 사는 바보 같은 인생은 살지 말기를. 그것은 마치 영화 〈매트릭스〉에서 '파란 알약'을 먹고 가상 현실에서만 머무려는 것과 같다. 인생의 본질에 보다 가까운 삶을 사는 게 더 현명하지 않을까. 적어도 인간 세상의 진실을 다 까발려 그걸 탐구하고 고찰해나가는 게 낫다. 사람들이 만들어 놓은 관념과 사상의 덫에 갇혀 어리석게 세상의 그림자만 보고 살다 가는 것보다는 말이다. 어서 빨리 플라톤이 『국가론』에서 비유한 '동굴'에서 탈출해야 한다.

남들이 만들어 놓은 틀 안에 갇혀 그 안의 가짜 룰에 속아서 살아가는 삶은 실체가 아니다. 허구이다. 가짜 이미지로 점철된 인생을 살지 말아야 한다. 그 진짜와 가짜를 구별할 수 있는 방법은 결국 사고의 훈련일 뿐이다. 그런 의미에서 〈뫼비우스〉는 사고를 단련하고 확장할 수 있는 또 하나의 생각할 거리를 제공한다고 할 수 있다. 그래서 〈뫼비우스〉는 우리 생각을 영양가 있게 길러 주는 유기농 같은 영화이다.

금기를 넘어 사고를 해야 한다. 금기 너머의 진실을 알고 사는 것과 모르고 사는 건 다르다. 이건 세상의 질서와 이제까지 사람들이 만들어 놓은 관습을 실제로 파괴하자는 것과는 다른 이야기다. 모든 걸 꿰뚫어 보고 깨달으며 사는 것과 단지 단세포처럼 사람들이 만들어 놓은 틀 속에서 꼼지락대며 따라 사는 건 하늘과 땅 차이라는 걸 강조하고 싶어서다. 세상의 판을 읽을 수 있는 능력을 길러야 한다. 세상의 정치, 문화, 역사, 그리고 인간의 본성 등 우리 인간이 살아가는 그 틀의 근원을 파악해야 한다.

그러고 나서 지킬 건 지키고, 하지 말라는 건 안 하고 살아가면 된다. 어차피 이 세상이 만들어 놓은 틀 안의 룰이기 때문이다. 로마에 가면 로마의 법을 따르듯이 기존의 룰은 일단 지켜줘야 기본적인 질서가 유지되겠지.

그 질서 안에서 성찰하는 개인이 많아질수록 세상은 더 진실에 가깝게 자연스레 변화될 것이다. 경우에 따라서는 '창조적 파괴'도 필요하겠지만 말이다. 그러나 분명한 건 전체적으로 세상의 틀을 파악해야 한다. 그래야 자기가 삶의 주인이 될 수 있다. 아니면 세상의 꼭두각시로 살다가 그냥 수많은 군중 속의 하나가 되어 스러져 갈 것이다.

아메바 같은 단세포로 살고 싶지 않다면 고찰해라. 삶의 구석구석, 사람들이 만들어 놓은 보이지 않은 그 금기의 경계선 너머까지 사고하라. 그러면 인간 본성의 진실에 이를 수 있을 것이다. 이 모든 걸 알고 사는 것과 모르고 그냥 세상이 만들어 놓은 잣대와 틀에 갇혀 사는 건 천지차이다. 플라톤의 '동굴의 비유'에서 벽쪽으로만 바라보게 묶여 그림자를 진짜로 믿고 사는 사람과 다를 게 없다. 결박당한 사고의 포승줄을 끊어버리고 이젠 '진짜 세계'와 마주해야 한다. 그러기 위해선 보여주는 것만 보지 말고 '패턴'을 읽어야 한다는 것을 잊지 말자!

# 패턴 인식으로 세상을 읽다

"좋은 책을 읽는 독자란, 좋은 작가와 같이 드물다."
- 셰익스피어

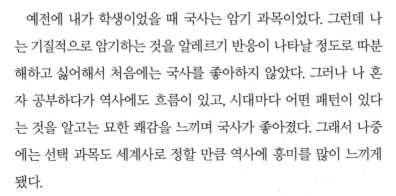

예전에 내가 학생이었을 때 국사는 암기 과목이었다. 그런데 나는 기질적으로 암기하는 것을 알레르기 반응이 나타날 정도로 따분해하고 싫어해서 처음에는 국사를 좋아하지 않았다. 그러나 나 혼자 공부하다가 역사에도 흐름이 있고, 시대마다 어떤 패턴이 있다는 것을 알고는 묘한 쾌감을 느끼며 국사가 좋아졌다. 그래서 나중에는 선택 과목도 세계사로 정할 만큼 역사에 흥미를 많이 느끼게 됐다.

우리가 독서에 대한 방법을 지금 이야기하고 있는데 왜 갑자기 역사 이야기를 하는지 이상하게 생각하는 독자가 있을지도 모르겠다. 그러나 앞에서도 이야기한 적이 있지만 책을 읽는 것만 읽는 것이 아니다. 영화를 읽고, 세상도 읽을 수 있는 것이다.

그런데 이 세상은 시간과 공간이라는 날실과 씨실로 되어 있다. 이 세상의 시간을 길게 더 확장하면 역사가 된다. 공간적으로 좁게 봤을 때 우리나라의 역사를 가만히 살펴보면 역시 어떤 패턴들이 반복되어 나타나는 걸 지켜볼 수 있다.

패턴을 알기 위해서는 지속적이고 일정한 관찰이 필요하다. 책의 패턴을 알기 위해서도 책의 내용을 읽는 관찰 행위가 필요하듯이 역사의 패턴을 알기 위해서도 역사의 흐름을 관찰하는 행위는 필요하다. 하지만 여러 번 강조하지만 그 내용을 외울 필요는 없다. 다만 관찰이 필요할 뿐이다. 관찰은 그 흐름을 알기 위한 전제 조건이기 때문이다.


## 역사를 읽는 것에도
## '패턴 인식 독서법'이 필요하다

―

역사의 패턴을 예로 들어보면 요즘 나라 안팎 정세가 마치 대한제국 말기 같다는 이야기가 종종 흘러나온다. 현재 미국이 경제적으로 불안하고 일본의 군사적 야욕과 중국의 존재감이 커지는 가운데, 일본과 중국 사이에 당장이라도 충돌이 일어날 것만 같은 긴박한 위기감이 느껴지면서 두 나라가 '맞짱'을 뜰 기세이다.

그 중간에 끼인 우리나라의 운명은 그야말로 풍전등화(風前燈火), 바람 앞의 등불이다. 미국의 경제 상황 같은 세부적인 요인 말고 구조적으로 크게 볼 때에는 마치 한말의 국제 정세를 떠올리게 한다. 이건 누구나 요즘 뉴스만 열심히 봐도 대한제국 말기 시대의 상황과 오버랩이 된다.

어릴 때 국사 시간에는 타임머신을 타고 그 시대로 돌아가 역사 속 사건들을 실제로 지켜볼 수 있으면 좋겠다는 생각을 한 적도 많았다. 왜냐하면 너무 단편적으로 배우는 역사적 사건들 너머에 실체적 진실이 있을지도 모르며, 또 뭔가 오해가 있을 수도 있지 않을까, 하는 상상력 때문이었다. 우리가 배우는 역사의 얼굴 뒤에 뭔가 다른 사연도 있지 않을까, 라는 궁금증도 생기면서 타임머신이 없다는 사실에 꽤나 답답해했던 적이 있었다.

또 한편으로는 한말에 임오군란 등 혼란스러움을 틈타 나라를 빼앗기는 과정에서 왜 끊임없이 국내 정세는 계속 뭔가 소용돌이에 싸여 돌아가야만 했는지 너무 답답하고 안타까웠다. 타임머신이 있다면 몰래 가서 미래가 어떻게 될지 귀띔이라도 해주고 싶었다. 그리고 "제발 하나로 뭉쳐라!"고 말해주고도 싶었다. 그래서 일제에게 나라를 빼앗기는 일을 막고 싶은 마음이 간절했다.

그런데 요즘 와서 보니까 시대마다 되풀이되는 패턴을 발견할 수 있었다. 굳이 타임머신을 타고 돌아가지 않아도 그 당시의 상황이 아주 구체적으로 짐작이 될 정도였다. 현재 벌어지고 있는 국내 상황과 국제 정세만 읽어도 과거에 어떤 식의 구조로 나라가 **빼앗기**게 되었는지, 왜 국내에는 그렇게 혼란스러운 일들만이 많이 일어났는지 알 수 있을 것 같았다.

설사 과거로 돌아가는 타임머신이 있다고 하더라도 내가 힘들게 가서 이야기를 해준들 그리 바뀔 게 없다는 것도 요즘 돌아가는 국내외 정세를 보면 알 수 있다. 과연 누가 그 '경고'를 제대로 들을 수 있을 것인가. 또 듣는다 한들 바꾸려고 노력을 할 것인가. 현재에도 안 바뀌는 걸 그 당시엔들 바꿀 수 있었을까.

그러나 악순환의 고리를 끊기 위해서라도 우리는 패턴을 읽는 법을 훈련해야 한다. 개인이나 국가나 미래를 예측하고 현재를 변화시키기 위해서는 패턴을 인식할 수 있는 능력을 길러야 한다. 세상을 읽고 역사를 읽는 데에도 패턴 인식이 필요하듯 책은 말할 것도 없다. 이 패턴을 읽는 능력의 기본은 바로 패턴 인식 독서법에서 나온다. 지금까지 계속 이야기하고 있었듯이 책의 내용을 읽는 것이 아니라 흐름을 읽는 독서법 말이다.

물론 이성이냐, 감성이냐 이 두 가지 패턴의 반복에 집중하면서 책의 내용을 인식하는 것이 편협하다고 할 수도 있다. 하지만 그 패턴이 실제로 존재하는데 어떻게 하겠냐. M. J. 아들러와 C.반 도렌의 공저인 『독서의 기술(HOW TO READ A BOOK)』에 나오는 신토피칼 독서법이 주제별 카테고리로 묶어 독서를 하는 거라면, 이 패턴 인식 독서법은 더 해체되어 나아간 개념이다.

이맘때쯤 이런 질문도 나올 법하다. 그럼 그렇게 간단한 구조가 있는 책들을 한 권씩만 읽으면 되지 않느냐는 질문이 나올 수도 있다. 즉 감성을 주장하는 책 한 권, 이성을 주장하는 책 한 권, 이런 식으로 말이다. 노파심에서 굳이 그 대답을 하자면 서양 철학이 감성이냐, 이성이냐 이 두 가지 흐름으로 흘러가지만, 그 결과를 얻기 위한 과정에서 우리는 무수히 많은 서양 철학자들의 다양한 사상들을 탐독해야 한다.

예를 들어 비유를 하자면 '사과'라는 대상을 많은 화가들이 자기들만의 다른 방식으로 변주해가며 그림을 그린다고 치자. 그런데 사

과라는 소재의 패턴이 동일하게 반복된다고 단 한 명의 화가가 그린 그림만 본다는 것은 풍성한 그 변주의 아름다움을 포기하는 어리석음과 마찬가지다. 그래서 우리는 감성과 이성이라는 두 가지 패턴이 나타나는 구조를 갖고 있는 책들이라도 더 많이 읽을수록 좋다. 물론 맨 처음에 강조했지만 그렇다고 다독(多讀)에 집착해서는 안 된다. 책의 종수라는 일정한 틀에 자신을 가둬버리는 어리석음을 범해서는 안 된다는 것이다. 다시 한번 당부하지만, 다독보다는 책의 흐름을 잡는 독서법에 일단 자신을 길들이는데 더 무게중심을 두기 바란다.

## '반항아 스타일'과 '모범생 스타일'의 흐름 읽기

━

　　　독서에 있어서 감성이냐, 이성이냐, 이 두 가지 패턴을 좀 더 쉽게 이해하도록 하기 위해서 단순한 비유를 하나 들어볼까 한다. 단편적이고 단순하더라도 이해만 잘되면 목적이 달성된 것이다. 예를 들어, 감성을 주장하는 사상가들은 어떻게 보면 '반항아 스타일'이다. 기존의 틀을 깨뜨리면서 인간의 본성에 따르자는 흐름이다. 서양 철학사적으로 보자면 니체를 상징적으로 들 수 있다는 것은 여러 번 말했다. 또 동양 철학사적으로 보자면 노자, 장자이다. 그리고 문학에서 작가를 고르자면 헤르만 헤세 같은 경우이다. 모두 다 앞에서 이미 언급한 적이 있다.

　반면에 이성을 주장하는 사상가들은 '모범생 스타일'이다. 형식을 중요시하면서 기존의 틀에 따르고 그 틀 속에서 문제를 해결해 나가려고 하는 사상의 흐름이 나타난다. 내가 볼 때 서양 철학에서는 칸트 같은 철학자가 '큰 맥락에서' 그렇고, 동양 철학에서는 공자, 맹자이고, 작가로 볼 때에는 기독교인으로 전향한 후의 톨스토이 같은 경우가 그런 것 같다.

　물론 엄밀하게 따지자면, 학문적으로 볼 때 이렇게 단순화시킬 수는 없다. 하지만 우리가 지금 다가가고자 하는 북소믈리에가 되는 법을 알기 위해서는 이런 단순화가 도구로써 반드시 필요하다. 어찌 보면 '반항아 스타일'과 '모범생 스타일' 방식이 비록 단편적인 비유일 수도 있으나, 책의 흐름을 잡는 독서법이라는 개념이 빨리 다가오게 하는 데는 꽤 큰 도움이 될 것이다.

이젠 아무리 어려운 책을 만나더라도 주눅 들지 말기를. 그냥 이렇게 생각해라.

'네까짓 게 어려워봐야 얼마나 어렵겠니. 이성 아니면 감성, 이 둘 중 하나일 텐데. 자, 이젠 내가 한번 덤벼들어 보마!'

이런 마음자세로 어떤 책이라도 대한다면 어렵고 딱딱한 책도 두려워할 필요가 없다. 그리고 이해가 안 되는 내용은 그대로 넘어가고 그냥 어떤 흐름으로 흘러가고 있는지만 체크하면서 독서를 하면 된다.

얼핏 보면 아무리 두껍고 어려운 내용이 많은 책이라 할지라도 그 살덩어리를 해체하고 골격만 남겨 놓는다면 감성 아니면 이성을 주장하고 있을 뿐이다. 그 흐름이 어느 쪽인지만 간파하면 전체적인 흐름을 따라 파도를 타듯이 책을 읽어나갈 수 있다. 이러한 패턴 읽기의 연습을 할 수 있는 책들이 좋은 책이다. 다시 한 번 강조하지만 고전부터 시작하라. 고전을 통해 기본기를 닦으면 패턴 인식 독서법에 아주 빨리 적응을 할 수 있다.

그 독서법으로 뉴스를 본다면 이 세상의 흐름도 패턴으로 다가온다. 그리고 역사를 바라볼 때에도 마찬가지다. 일정한 패턴이 반복되어 나타나는 것을 발견할 것이며, 결국에는 그 패턴의 법칙대로 미래도 흘러갈 것이라는 확신이 생긴다. 그러면 현재의 상황을 보고 그 다음에 어떤 상황이 펼쳐질지 판단하는데도 많은 도움이 된다. 이러한 훈련으로 세상에 대한 두려움이 점점 더 사라질 것이다. 또한 상황을 파악하고 현명한 선택을 하는 빈도수도 더 높아진다. 이렇게 세상을 읽어내는 방법에 익숙해진다면 인생은 보다 풍요로워질 것이다.

# 패턴 인식으로 사람을 읽다

"보기 드문 지식인을 만났을 적에는
그가 무슨 책을 읽는가 물어보아야 한다."
- 에머슨

살아가면서 우리는 참으로 많은 사람을 만난다. 그러나 겉모습만 보고는 그 사람을 금방 판단하기가 쉽지 않다. 항상 얼굴에는 미소를 띠고 사람 좋은 표정을 하고 있어도 그 속을 알 수는 없는 노릇이다. 우리 속담에도 "열 길 물속은 알아도 한 길 사람 속은 모른다"는 말이 있지 않는가. 이 속담만 보더라도 아주 오랜 옛날부터 사람을 안다는 건 쉽지 않은 일이라는 걸 알 수 있다.

이건 역시 인간의 본성에 관한 문제인데 지금은 그 본성에 대해 말하고자 하는 게 아니라, '사람을 읽는 법'에 대해 이야기하고자 한다. 앞에서도 여러 번 말했지만 책만 읽을 수 있는 것은 아니다. 책을 읽고 영화를 읽듯이, 또 세상을 읽듯이 그렇게 사람도 읽을 수 있다. 사람을 읽는다는 건 사람의 마음을 읽는다는 말일 것이다.

"사람을 어떻게 읽어?"

여기까지 읽고 나서도 이 말이 나오지는 않겠지? 혹시라도 그렇다면 처음부터 이 책을 다시 읽어 보기 바란다. 하여튼 사람 마음을 읽는 건 여러 모로 필요하기도 하다. 모든 일은 사람 마음을 읽는 데서 시작되기 때문이다. 직장에서 상사와의 관계, 동료와의 관계도 그 사람 마음을 읽어야 무리 없이 잘 흘러갈 수 있다. 상대방은 딴 생각을 품고 있는데 내가 그 마음을 읽어내지 못하고 좋은 말로는 순수하게, 안 좋은 말로는 어리석게 다른 말이나 행동을 하고 있다면 관계가 틀어질 수밖에 없다.

또한 사업을 하더라도 사람 마음을 읽어야 한다. 소비자의 마음을 읽어야 한다. 그리고 거래처 담당자의 마음을 읽어야 한다. 상대방이 무얼 바라고 있는지 그 속마음을 알 수 있다면 처신하기에 꽤나 수월할 것이다.


## 사람의 마음을 읽어야 하는 이유

―

그러나 이것보다 더욱 더 사람 마음을 읽어야 하는 이유는 세상에는 본성이 나쁜 사람들도 많기 때문에 자신을 보호하기 위해서도 다른 사람의 마음을 읽어야 한다. 나는 왜 세상에 착한 사람들보다 나쁜 사람들이 더 많아 보일까, 하는 고민을 한 적이 있었다. 원래 인간들의 본성이 나쁜 것일까. 그래서 나쁜 사람들의 비율이 상대적으로 높은 것일까. 그 해답을 못 찾다가 최근에 무릎을 탁 친 일이 있었다. 일종의 깨달음이랄까. 물론 꼭 맞는 정답은 아닐지라도 나름 납득이 되는 해답이었다.

이건 하나의 예로서 이야기하는데 텔레비전 뉴스에 나온 사연이다. 얼마 전 중국에서 일어난 일이다. 어떤 사람이 호수에 빠졌는데 그 사람을 구해준 은인은 죽고, 살아난 사람들이 그 은인에게 죄를 뒤집어 씌웠지만 나중에 밝혀졌다는 이야기이다. 자세한 건 기억이 안 나는데 이 이야기의 구조는 착한 사람은 위험에 빠진 나쁜 사람을 구해주고 나서 죽고, 나중에 그 살아난 나쁜 사람은 착한 사람에게 죄를 오히려 뒤집어 씌웠다가 밝혀졌다는 것이다.

이 이야기에선 그나마 나쁜 사람의 악행이 밝혀졌지만, 보통은 밝혀지지 않을 때가 더 많을 듯하다. 결국 이 이야기에서도 착한 사람은 죽어버렸다는 것. 본성이 착한 사람들은 자기를 희생해서 일찍 세상을 떠나는 일이 많으니까 그 착한 유전자가 전해질 기회가 확률적으로 줄어들어 이 세상엔 나쁜 사람들이 더 많아 보이는 건 아닐지. 이렇게 나름대로 해답을 얻었는데 꼭 해답을 찾자는 게 아니라 인간의 본성을 생각해보았다.

하여튼 상대가 나쁜 의도를 갖고 나를 해하려 하거나 속이려 하는 경우 사람의 마음을 읽을 수 있는 능력이 있다면 자기를 지킬 수 있다. 뉴스를 보다 보면 이 세상에는 사기꾼들도 얼마나 많은가. 그들로부터 자신을 지키려면 사람의 마음도 책처럼 읽어낼 수 있어야 한다.

그렇다면 사람의 마음을 어떻게 읽을 수 있을까. 한 마디로 말해 그건 '북 프로파일링 기법'으로 읽어내야 한다. 그 사람이 하는 행동, 말투, 몸짓, 표정 등의 데이터를 관찰하다 보면 패턴이 나온다. 이건 다양한 사람들의 데이터를 계속 관찰해야 알 수 있는 것이다. 그러니까 책을 계속 읽듯이 사람들도 계속 읽는 연습을 해야 한다. 누군가 거짓말을 하고 있다면 표정에 일정한 규칙이 나타난다. 물론 거기에 심리학적으로도 어떤 규칙이 있다고 하는데, 내가 관찰한 바로는 거짓말을 할 때 사람마다 움직이는 곳이 다르다.

그래서 틀을 놓고 이건 이렇다, 저건 저렇다고 규정지을 수는 없을 것 같다. 어떤 사람은 거짓말을 할 때 코를 씰룩거리기도 하고, 또 어떤 사람은 눈을 깜박거리기도 한다. 그리고 어떤 사람은 귀를 만지기도 한다. 모든 사람에게 모든 규칙을 똑같이 적용할 수는 없지만, 적어도 한 사람에겐 일정한 패턴이 나타난다. 그걸 잘 관찰해야 한다. 한 삼십 분 정도만 같이 이야기하면서 관찰해 보면 어떤 동일한 규칙이 나타난다는 걸 알 수 있다.

## 사람의 마음도 책처럼 읽어라

—

　　'읽는다'는 것의 기본은 바로 '관찰'이다. 사람의 마음을 읽어내는 것은 책을 읽는 것이 기본이 되어야 빠른 시간 내에 터득할 수 있다. 사람 마음을 읽는 것도 상대방의 데이터를 가지고 패턴을 찾아내는 것이기에 그 기본 원리는 패턴 인식 독서법과 같다. 책 내용의 데이터를 활용하여 그 책의 흐름 속에서 계속 반복되는 일정한 패턴을 찾아내는 훈련을 충분히 했다면, 사람에게서도 패턴을 찾아내기가 그리 어렵지 않다. 계속 반복되는 일정한 패턴을 찾아내는 것도 반복적으로 연습하면 가능하다.

　헤르만 헤세의 책도 계속 읽다보면 감성에 충실하라는 이야기가 반복적으로 나온다. 틀을 깨라는 게 주된 내용이다. 헤세의 다른 책을 읽어봐도 마찬가지다. 어떤 계기가 있어 사람이 완전히 변하지 않는 이상 한 저자의 작품들은 평생 거의 같은 흐름을 갖고 있다고 봐도 된다. 사람은 잘 바뀌지 않기 때문이다.

　어쨌든 한 권의 책 안에서는 같은 흐름, 같은 색깔이 있다. 물론 언뜻 봐서는 이성을 중시하는 것처럼 내용이 흘러가다가도 감성이 중요하다는 걸 보여주기 위한 반증의 도구로 사용되는 경우도 많다. 또 그 반대의 경우도 있다. 그 숨겨진 맥을 찾는 것이 진정한 독서 훈련이다.

　사람도 언뜻 봐서는 어떤 생각을 품고, 어떤 인성을 가졌는지 알

수가 없다. 교묘히 포장할 수 있기 때문이다. 그 가짜의 포장 안에 숨겨진 진짜 모습을 찾는 것이 바른 독서법이다. 그건 여러 가지 데이터를 모으고 관찰해서 반복되는 패턴을 볼 수 있는 힘을 기르는 데 있고, 책을 읽으면서 습득하는 길이 제일 빠르고 정확하다.

예를 들어, 어떤 사람과 이야기할 때 상대방이 자기도 모르는 새 얼굴의 일정 근육이 찡그려지면 그 대화 속의 바로 그 타이밍에서 마음에 안 든다는 걸 드러내는 데이터이다. 혹은 대화를 나누다가 부정적인 표현을 하면 현재 그 사람은 당신이 마음에 안 든다는 증거이다. "옷이 왜 그래", "목소리가 왜 그리 투박해", 라는 식의 부정적 표현일때 그렇다. 분명 그러한 것들은 객관적인 평가 대상이 될 수 없다. 자기 마음에 드는 사람이 똑같은 옷을 입고 그런 목소리를 가졌다면 좋게 보이거나 들렸을 것이다. 그런 지적을 한다는 건 다름 아닌 당신 자체에 대해 별로 호감을 안 가졌다는 걸 뜻할 수도 있다.

그런데 북 프로파일링 기법으로 독서를 하다 보면 책의 여러 내용들이 이것저것 계속 모아질 것이다. 한 권의 책 안에서 이 이야기는 감성, 저 이야기도 감성, 다시 또 다른 이야기도 감성, 그런데 이성을 강조하는 이야기가 하나 툭 튀어나온다……. 그럼 데이터의 일치가 안 되는 결과이다.

그렇다면 어느 쪽이 진짜 흐름일까. 답은 당연히 많은 데이터들이 건져지는 감성 방향이다. 그쪽이 그 작가의 진짜 속내이다. 어떤 때에는 작가가 자기 자신도 속이며 살아가고 있는 것을 우리는 책을 읽으며 찾아낼 수 있다. 원래는 이성적인 성향의 사람인데 자신은 감성적인 사람이라고 스스로 착각하며 사는 것이다. 책을 읽다 보면 가끔 자기를 속이며 살아가는 그런 작가들도 발견할 수가 있다.

예를 들어, 본인은 모범생 스타일인데 자기가 반항아라고 착각하는 것처럼 말이다. 작품도 계속 그렇게 반항아 스타일처럼 쓰지만 본성은 누구보다 모범생 스타일이다. 그러니 작품이 다양하게 창작될 리가 없다. 자기 본성에 맞는 작품을 창작해야 그 물줄기가 마르지 않는 법이다. 누구라고 딱 꼬집어 말하면 여러 문제가 발생할 수 있기 때문에 일단 여기까지만 말하겠다. 대신에 여러분들도 여러 책을 읽으면서 '숨은 그림 찾기'처럼 작가의 숨은 본성을 추적해보는 것도 재미있을 것이다. 하여튼 패턴 인식 독서법을 하다 보면 우리는 이제 저자의 포로가 아니라 저자를 뛰어넘는 시선에서 책을 마주할 수 있다.

책을 무조건 어렵다고만 생각하지 말길. 저자도 사람이고 생각할 수 있는 범위도 같은 인간이다. 물론 뛰어난 사고의 소유자도 있고, 그렇지 않은 사람도 있지만……. 그래서 우리가 책을 읽는 것이 아닌가. 독서는 그 사람의 생각을 '훔치기' 위해서이다. 독서는 뛰어난 사람과의 대화이기도 하지만 그들의 생각 구조를 염탐하는 것이기도 하다.

사고력이 뛰어난 사람들이 하는 생각의 흐름을 잡아내면서 그 패턴을 익히는 것도 독서의 장점이다. 많이 아는 것은 중요하지 않다. 어떤 생각의 구조를 형성하고 있느냐가 더 높은 사고력을 가지는 지름길이다. 아는 건 사람보다 컴퓨터가 훨씬 많은 데이터를 갖고 있으니 많이 알고 외우는 걸로 사고력과 지식을 가늠할 수 없다. 수집한 데이터를 통해 여러 가지 상황에서 재빨리 패턴을 찾아내는 것, 그래서 그 패턴을 읽고 해결책을 찾아내는 능력이야말로 이 시대뿐만 아니라 앞으로의 사회에도 꼭 필요한 능력이다.

## 그 사람을 진짜로 알려면 서재를 보라
—

어떤 사람을 진짜로 잘 알려면 그 사람의 서재를 보라는 말이 있다. 서재는 책장을 대체하는 말이기도 하다. 누군가를 속속들이 알려면 그 사람이 사모아 놓은 책들을 보면 알 수 있다. 자기 돈을 지불하고서라도 갖고 싶을 만큼 읽고 싶었던 책들이 과연 무엇인지, 어떤 장르의 책들인지 그 책들의 제목만 잘 분석해보아도 그 사람의 생각 패턴이 나오는 법이다.

인문 장르가 많은지, 실용서가 많은지, 문학 책들이 많은지 그 사람의 책장을 보면 알 수가 있다. 그런데 이건 꽤 친해져서 그 사람의 집을 방문해야 가능한 일이겠지. 친한 사람의 사고 구조가 궁금하다면 그 사람의 책장을 볼 수 있는 기회를 잡아라. 그리고 한번 들여다 보아라.

최악의 책장은 아예 책이 거의 없거나, 아니면 베스트셀러만 잔뜩 꽂혀 있거나, 또는 전집만 꽂혀 있는 경우이다. 이런 책장이 보인다면 그 책장의 주인장은 독서에 대해 아무 생각이 없는 사람이다. 자기만의 고유한 독서 영역도 정립되어 있지 않고, 그냥 남들 따라 살아가는 스타일이다. 남이 좋다고 하면 우선 찾아 읽는 모방형 독서가이다.

또 다른 예를 들어 보자. 어떤 사람의 책장에 실용서 중에서도 꽃이나 나무에 관한 책들이 많은 게 보인다. 그러면 그 사람이 관심이 있어 하는 분야를 금방 알아차릴 수 있을 것이다. 이 사람은 자기 인생에서 뭐가 중요한지 생각을 하고 사는 사람이다. 혹은 현재 그 일에 몰두하고 있는 사람이다. 또는 어떤 사람의 책장에 실용서 중 건강 책이 많다면 이 사람은 건강에 심한 충격을 받은 일이 있거나, 건강에 위험 신호가 왔거나, 자기를 무척 아끼는 사람이다.

한편, 책장에 영화와 관련된 책들이 잔뜩 있다면 이 사람은 영화를 좋아하고, 자주 보는 등 적어도 영화에 대한 열정과 관심이 많다는 증거이다. 어떤 분야건 한 장르의 책들이 많은 책장은 그 책장을 소유한 주인이 삶을 제 색깔대로 살아가고 있다는 뜻이다. 한 마디로 말해 개성이 있는 인간이다. 남들의 뒤꽁무니만 따라 사는 게 아니라 자기 색깔을 찾아서 나름 잘 살고 있다는 뜻이다.

그러나 아무리 성공한 사람이라 하더라도 손때가 전혀 묻지 않는 새 책 같은 전집이거나 새 책 같은 베스트셀러들, 그리고 자서전 행사 같은 데 가서 얻어온 책들만 잔뜩 꽂혀 있다면 책들이 많아도 별 의미가 없다. 독서가로서는 빵점이라고 감히 말하고 싶다.

남을 따라 살면 자기는 없다. 독서도 마찬가지다. 남들이 읽는다고 다 따라 읽으면 자기만의 색깔을 가질 수 없다. 사람마다 지문도 다 다르고, 모두가 다른 개체인데 어떻게 생각이 다 똑같을 수 있을까. 그런데 어떻게 다 똑같은 책이나 영화에 흥미를 느낄 수 있을까.

우리 사회가 너무 집단주의적 사고에 익숙해서 그럴지도 모른다. 그래서 책을 읽는 것마저, 더 나아가 문화를 소비하는 것마저 집단주의로 흘러가는 것 같다. 하지만 이젠 집단주의의 가치가 필요한 농경사회는 아니지 않는가. 시대는 변했는데 정신은 여전히 농경사회에 머물러 있다. 지금은 개인의 색깔이 중요하고 가치가 있는 시대이다. 또 개인에 초점이 맞춰지는 것이 인류의 정신적 진화가 아닐까. 집단에 계속 머물려고 하는 건 자기 자신을 찾지 못했기 때문이다.

우리의 교육에서 성공보다는 자기 자신을 찾는 과정을 훈련시키는 것이 매우 필요하다. 자기 자신을 찾아 자신만의 색깔을 발견한다면 요즘 우리 사회에 만연한 '자살' 같은 것도 할 필요가 없다. 이 세상을 자기 색깔대로 살아내면 자기도 한 송이 아름다운 꽃이 될 수 있다. 모두 다 다르면 그 하나하나 개성이 있고 가치가 있는 것이지, 어느 하나만 존재 가치가 있는 것이 아니다.

　제대로 된 독서는 자기 자신을 찾는 데 큰 도움을 준다. 적어도 그 과정을 함께 해준다. 책을 '제대로' 읽는다면 더불어 자기만의 책장도 자연스레 생긴다. 또 자기를 찾아가는 독서를 하다 보면 자기가 이성에 맞는 기질을 가진 사람인지, 감성에 맞는 기질을 가진 사람인지도 알게 된다. 그럼 어느 시점이 되면 자기에게 맞는 흐름이 있는 책을 찾아 읽기 시작한다. 그렇다고 자기를 찾는 일이 단번에 되지는 않는다. 하지만 다양한 책들을 읽다 보면 책뿐만 아니라 자기 자신을 읽을 수 있는 힘도 생긴다. 결국 다른 사람의 마음 패턴도 읽을 수 있지만, 제대로 된 독서는 자기 자신을 읽을 수 있는 능력을 선물해주는 것이다.

# 패턴 인식으로 우주를 읽다

우리는 이 책의 맨 처음부터 '읽는다'는 개념의 확장성에 대해 이야기해왔다. '읽는다'는 것이 반드시 책에만 국한되는 것이 아니라, 그 대상이 영화일 수도 있고, 그림일 수도 있고, 사람일 수도 있고, 바로 자기 자신일 수도 있다는 것에 대해 여러 가지 이야기를 나눠봤다.

그럼 '읽는다'는 것의 최종 목적지는 무얼까. 사람을 읽고 자기 자신을 읽고 그 다음은? 문득 그런 질문이 들지 않는가. 우리는 패턴 인식의 독서법을 통해 모든 것을 읽어낼 수 있는 내공을 쌓아가고 있다. 그렇다면 우리는 또 무엇을 읽는 것에 도전해볼 수 있을까.

나는 '우주'라고 말하고 싶다. 또 이게 무슨 뜬금없는 소리인가 싶은 독자들도 있을 것이다. 그러나 도전은 누가 말리랴. 인간이 처음부터 하늘을 날 수 있었던 것도 아니지만, 라이트 형제가 도전을 계속 해서 가능하지 않았던가. 처음엔 그들도 주변에서 모두 뜬금없다, 무모하다는 소리를 들었을 수 있다. 말이 안 되는 이야기라고 했을 수도 있다. 하지만 새로운 도전은 언제나 아름답다!

그런데 '우주는 벌써 과학자들이 읽고 있는데?'라는 반문이 있을 수도 있다. 하지만 눈치 빠른 독자들이라면 내가 말하고 싶은 것이 '우주'를 천체망원경으로 읽겠다는 차원의 이야기가 아니라는 걸 알 것이다.

그렇다. 우리는 지금 독서 이야기를 하고 있고, 우주도 그런 차원에서 이야기하고자 한다. 독서를 통해 다른 사람의 마음을 읽을 수 있는 경지에 이르고, 또 그걸 넘어 자기 자신의 마음을 읽는 단계에까지 이른다면? 그럼 그 다음엔 우리 마음속을 잘 알 수 있는 데이터를 현실에서만 찾을 것인가.

아니다. 내가 전에 썼던 『발칙한 꿈해몽』에서도 밝혔듯이 꿈의 흐름을 분석하면 자기 자신의 잠재의식을 알 수 있다. 의식 속에서는 자기도 깨닫지 못했던 자기 자신의 숨겨진 진짜 생각을 꿈의 언어를 통해 감지할 수 있는 것이다. 그런데 꿈의 언어는 실제 우리가 알고 있는 언어와 많이 다르다. 수많은 상징들로 이루어져 있어 그대로 받아들여 해석하면 꿈의 실체에 이를 수 없다고 말한 적이 있다.

여기서 꿈에 대해 이야기하고자 하는 건 아니다. 패턴 인식 독서법을 위해 꿈도 하나의 도구로 삼을 수 있다는 이야기를 하고 싶은 것이다. 꿈도 역시 읽을 수 있는 대상이라는 걸 강조하고 싶어서이다. '읽는다'는 대상에는 이처럼 잠을 자면서 꾸는 꿈마저도 포함될 수 있다.

꿈에도 역시 패턴이 있다. 그래서 자기 자신의 꿈을 매일 일지를 써서 분석해 보면 그 패턴을 발견할 수 있는 것이다. 책을 읽듯이 자신의 꿈을 읽어보면 그 자체로 읽는 맛이 나고, 흥미로우며 재미있다. 또 자기 자신을 찾는 데 많은 도움이 된다.


## 인간은 소우주, 그리고 꿈은 우주로 가는 통로

꿈을 읽는다는 행위가 자기 자신을 찾는 것과 더불어 우주와 통하는 통로일 수도 있다는 가능성을 말하고 싶다. 사막의 무늬, 바다의 물결, 등등이 다 비슷한 패턴을 보이고, 그러한 일정한 패턴들의 반복이 자연계, 사회 현상 등에도 모두 발견될 수 있다면 우주의 실체도 알 수 있지 않을까.

프랙탈 이론(Fractal theory)이라는 것이 결국 해안선이나 사막의 무늬 등 자연계의 복잡하고 불규칙한 모양을 아무리 확대해도 기본적인 부분과 전체가 같은 패턴의 불규칙한 모양이 나타난다는 것이라고 한다면 그 접근법으로 다가갈 때 이 우주도 언젠가 실체가 밝혀지지 않을까.

작은 부분의 반복이 연결되어 결국 큰 부분을 만든다면, 거대한 자연계 역시 그 기본적인 패턴을 발견하여 확장하면 본모습을 볼 수 있을 것이다. 그런데 동양 철학에서 자주 언급되는 말인 '인간은 소우주이다'라는 것도 이 프랙탈 이론에 따라 생각해본다면 서양의 현대 물리학에서 말하는 '물질을 이루는 가장 작은 단위의 물질을 소립자'라고 한다는 주장과 맥이 통하는 것 같다. 꼭 같은 형식이라는 게 아니라 구조적으로 봤을 때 그런 비유를 사용할 수도 있다는 것이다. 지금은 과학보다는 비유와 은유의 시간이다.

그냥 상상을 해보자는 것이다. 혹시 정말 말뜻 그대로 동양 철학에서 말한 '인간이 소우주이다'라는 것이 비유법이 아니라 진리의 실마리가 담긴 말이라면? 생각만 해도 재미있지 않은가. 상상력은 그 과정에서 새로운 창조적 실마리를 잉태할 수도 있다. 상상은 그래서 해볼 만한 가치가 있다. 동양의 한의학에서도 인간 몸을 우주로 유추해서 생각한다. 생리적으로 인체의 오장육부(五臟六腑)가 목화토금수(木火土金水)라는 오행(五行)의 법칙에 의해 움직인다고 한다. 오장은 간장, 심장, 비장, 폐장, 신장을 말하고, 육부는 대장, 소장, 쓸개, 위, 삼초(三焦), 방광 등을 말한다고 한다. 예를 들어 위장은 토(土), 즉 땅의 기운을 갖고 있고, 간은 목(木), 즉 나무의 기운을 갖고 있고, 심장은 화(火), 즉 불의 기운을 갖고 있는 등등의 것과 같은 흐름이다.

그렇다면 이걸 보더라도 오래 전부터 동양에선 프랙탈 이론처럼 인간의 몸을 보고 우주를 익히 유추하고 있었던 셈이다. 설사 인간과 우주에 대한 이 비유와 유추가 정말 은유적 표현에 그친다고 하더라도 말이다. 사실 용어라는 것은 그리 중요한 게 아니다. 그 개념과 원리가 중요한 것이지, 용어는 얼마든지 다르게 붙일 수 있는 것이니까. 미셸 푸코의 『이것은 파이프가 아니다』에 나오는 말처럼 대상과 그 대상의 이름과의 동일성은 인위적인 것이니까 말이다.

그런데 어쨌든 한의학은 잘 모르지만 그 원리를 보자면 예로부터 동양 사람들은 우리 몸의 패턴이 우주를 닮아 있다는 걸 알고 있었던 것 같다. 적어도 그렇게 가정을 했던 것 같다. 그렇다면 인간 정신은 어떨까. 인간 정신도 우주와 연결이 된 건 아닐까. 이런 물음이 나올 수도 있는 것이다. 인간의 몸이 우주의 패턴을 갖고 있다면 인간 정신도 우주의 에너지를 닮아 있는 건 아닌지 말이다. 그리고 인간이 자면서 꾸는 꿈은 그 에너지의 근원을 발견할 수 있는 우주로 가는 통로가 아닐까.

## 행복한 삶을 위해 자기 자신을 발견하는 길

＿

　　　　물론 언뜻 들으면 공상소설에나 나올 만한 호기심이 담긴 물음이지만, 그래도 예전에 공상소설에 나오던 로봇이나 우주선이 실제로 모두 현실에 있게 된 것만 봐도 어떤 호기심이든 너무 가벼이 여겨서는 안 된다.

　하여튼 진리의 탐색을 위해서는 그 어떤 실마리라도 파고들어가 보는 것도 의미 없는 일은 아닐 것이다. 왜냐하면 그 해답은 설혹 틀릴지 모르지만, 그 근원을 찾아 가는 과정에서 얻는 또 다른 수확이 기다리고 있을 수 있기 때문이다.

　나는 꿈을 분석하면서 인간의 정신세계가 우주로 연결된 건 아닐까 생각해 보았다. 꼭 우주선을 타고 가지 않더라도 저 광활한 우주로 갈 수 있는 길이 있는 건 아닐까. 우주선은 인간의 몸을 싣고 떠나지만, 인간의 꿈의 세계는 인간의 정신을 싣고 떠날 수 있는 통로가 아닐까.

　어쨌든 꿈이 인간과 우주를 잇는 정신적 통로이든, 아니든 자기 자신을 탐색해볼 수 있는 통로인 건 분명한 것 같다. 덤으로 우주와 연결된 자기 존재를 발견해보는 것도 어쩌면 얻을 수 있는 뜻밖의 수확일 수도 있고. 아직도 나는 꿈과 우주의 관계에 대한 미련을 못 버리고 있는 것 같다.

　어쩌다 보니 이야기가 여기까지 흘러왔는데 꿈에 대해 더 자세히 알고 싶다면 『발칙한 꿈해몽』을 참고하기 바란다. 어쨌든 결국 내가 말하고 싶은 것은 우주라는 것을 이미 우리는 우리 안에 간직하고 있을지도 모른다는 것이다.

헤르만 헤세가 자기 자신을 찾는 것이 가장 중요하다고 늘 그의 작품에서 외쳤고, 데카르트도 '나는 생각한다. 그러므로 나는 존재한다'라며 모든 진리를 탐구할 때 자기 자신을 기본으로 놓아야 한다고 주장한 것도 그렇고, 동양 철학에서 '인간은 소우주이다'라고 말한 것도 그렇듯이 자기 자신을 찾는 것이 얼마나 중요한지 그 의미와 가치를 말하고 싶은 것이다. 자기 자신을 찾는 것은 나를 감싸고 있는 이 우주와 소통하는 길이며, 자신의 존재의 의미를 찾는 길이다.

그런데 다시 원점으로 돌아와서 자기 자신을 발견하는 가장 근본적인 방법은 바로 '독서'라는 것이다. 제대로 된 독서 말이다. 거꾸로 돌아가서 말해본다면 결국 '독서를 하는 것은 바로 우주를 읽는 것이다'라는 결론에 이르게 된다. 그러므로 독서가 인간에게 얼마나 중요한 것인지 깨달을 수 있다. 또 그 중요한 독서를 제대로 된 방법으로 자신에게 유용하게 실천해야 한다는 사실도 반드시 기억해야 한다.

인간이 인간으로 살아갈 수 있는 시간은 제한되어 있다. 물론 나는 인간이 죽어서 우주의 또 다른 형태의 에너지가 된다고 생각한다. 그런데 만일 이 생각이 맞다 하더라도 그 에너지는 소멸하지 않지만 인간으로서의 형태는 사라지게 된다. 그래서 우리가 독서를 할 수 있는 시간도, 자기 자신을 사색할 수 있는 시간도 그리 길지는 않다는 것이다. 생명의 에너지는 다양한 형태가 될 수도 있겠지만, 인간 그 자체로 존재하는 시간은 제한되어 있다.

우리는 그 제한된 삶 속에서 독서를 통해 자기 자신을 찾는 소중한 시간을 즐겨야 하지 않을까. 자신을 탐색하고 발견하는 과정은 이 우주를 탐색하고 발견해가는 아주 스릴이 있는 즐거운 일이다. 이처럼 책을 읽고 그 책의 흐름을 따라 이 세상의 패턴도 읽고 우주의 본모습에도 다가갈 수 있는 독서의 힘, 이러한 무한한 힘을 우리에게 주고 다양한 맛을 음미하게 해주는 책, 그 책들의 섬세한 맛의 차이를 감별할 수 있는 북 소믈리에가 되는 것은 이 삶에서 즐길 수 있는 또 하나의 행복한 '존재의 방식'이 아닐까. 〈끝〉

독서에 대해 우리가 나눠야 할 모든 이야기

# 우리는 어떻게 북소믈리에가 될까

초 판 1쇄 인쇄 | 2015년 8월 1일
초 판 1쇄 발행 | 2015년 8월 8일

지은이 | 조선우 • 펴낸이 | 조선우
펴낸곳 | 책읽는귀족

등록 | 2012년 2월 17일 제396-2012-000041호
주소 | 경기도 고양시 일산동구 호수로 336 (백석동, 브라운스톤 103동 948호)

전화 | 031-908-6907 • 팩스 | 031-908-6908
홈페이지 | www.noblewithbooks.com    E-mail | idea444@naver.com

책임 편집 | 조선우 • 표지 & 본문 디자인 | twoesdesign
값 12,000원 • ISBN 978-89-97863-32-7 (03100)

이 도서의 국립중앙도서관 출판예정도서목록(CIP)은 서지정보유통지원시스템 홈페이지
(http://seoji.nl.go.kr)와 국가자료공동목록시스템(http://www.nl.go.kr/kolisnet)에서
이용하실 수 있습니다.(CIP제어번호: CIP2015017227)